誰も教えてくれなかった!

成就の法則

Laws of Fulfillment

自分次第で、
人生ガラリと変わる

Lyzz Yamazaki

リズ山﨑

青春出版社

はじめに

「成就の力」の秘密

人はみな、自分という船の船長。
360度広がる大海原で、
船は、船長であるあなたの舵《かじ》とるほうへと航路を進めていきます。

人はみな、自分という馬車を操《あやつ》る御者《ぎょしゃ》。
馬車馬《ばしゃうま》を巧みに操り、行きたいところへ馬車を運ばせていきます。

人はみな、自分というオーケストラの指揮者。
あなたが指揮棒を振り上げると、
騒々しかったメンバーたちは一斉に静まりかえり、
あなたの指揮に従い、美しい音楽を奏《かな》でていきます。

人はみな、人生という舞台《ステージ》の主役。
同時に、あなた自身が物語のシナリオライターであり監督であり演出家でもある。
舞台はシナリオ通りに進行していきます。

しかし、海で嵐に遭遇《そうぐう》し、船が転覆《てんぷく》しそうになったらどうでしょう。馬車馬が気分次第で暴れ出したらどうでしょう。オーケストラのメンバーがみな指揮者を無視する身勝手な奏者だったらどうでしょう。

港を目指す船も、馬車を引く馬も、オーケストラの奏者たちも、自分自身に他なりません。したがって、長《おさ》であるあなたの、統制力が問われるわけです。この統制力こそ「**成就の力**」であります。

また舞台の物語は、あなた自身が書くのですから、ハッピーエンドの物語なのか、悲劇の物語なのか、破滅的な戦いのストーリーなのか、これも、あなた次第ということになります。

嵐に遭遇して船が転覆してしまうかも、というとき、乗客や乗組員はパニックになり、不満や苦情を船長であるあなたにぶつけてくるかもしれません。そんなとき、船長が一緒になって不安になったり、乗組員と喧嘩《けんか》したりすれば、船長は舵を手放し、船は転覆してしまうでしょう。そんなときこそ、船長は動じることなく、怯える乗客や乗組員をさとして、リーダーシップを発揮するべきですよね。したがって、船長とは、「**信念を貫く精神力**」を指します。

いつ暴れ出すかわからない馬車馬との関係では、あなたの制御力が問われます。車で言えば、アクセルとブレーキとハンドル、そして暴れ馬はあなた自身の感情。つまり、人生を走る馬車の制御に必要な「**感情コントロールのスキル**」を意味します。

オーケストラのメンバーたちは、あなたを信頼し、あなたへの忠誠心があるでしょうか。あなたはオーケストラを率《ひき》いるにふさわしい器として責任をもってメンバーたちと関わっているでしょうか。オーケストラはあなた自身との「**信頼関係**」を意味します。

人生という名の舞台で主人公はあなた自身。主役を演じるのも物語の作者もあなた自身。プリンセス物語もヒーロー映画も、挫《くじ》けそうになりながらも困難を乗り越え、使命や目標に向かって、力を発揮しハッピーエンドで幕を閉じます。

あなたは、あなたの物語を、どうしていくおつもり？

作者が「うーん…、どうなるんだろう…」。

あらあら、それでは頼りないですねぇ。それでは、お話は進みようがありませんよね。とはいえ、それでも時間は刻々と未来へ進み続けているわけですから、ここが、ある意味、人生の恐ろしいところ。困っちゃうところでもありますよね。

であるからこそ、今こそ、あなた自身が、船長で、御者《ぎょしゃ》で、指揮者で、主演キャラクターなのだということに対して、**しっかりと「覚醒《かくせい》」する必要があるの**です！

人生の最後の最後に、物語は自分が作るべきものだったと知り、「がーん！　だったら遠慮しなかったのに〜！」と後悔することのないようにしたいわけです。

そのために必要なことは、

「**知るべきことを知ること**」、無知・無明から脱すること。

そして、知るにとどまらず、それを「**習慣づけること**」。

このシンプルなプロセスによって、誰でも、いつからでも、本来の脳力を覚醒させ、確実な成就人生を歩むことができるようになるのです！

決めた行き先、それが運命

空港の出発ロビーの掲示板には、行き先や出発時刻、搭乗ゲートなどが表示されていますよね。たとえば、「11：20発 ニューヨーク行き／何番ゲート」などと（出発ロビー、想像するだけでワクワクしますね！）。

その掲示板の行き先、つまり「目的地」は、英語でDestination（ディスティネーション）と書かれているのですが、それに似た言葉にDestiny（ディスティニー）という言葉があります。

●ディスティネーションが「行き先・目的地」であることに対して、
●ディスティニーは「運命」を意味します。

ディスティネーションとディスティニー、似ているので関連がないか調べてみましたら、このふたつ、語源はひとつのラテン語で、「設定する」とか「決められたところに運ばれる」

という意味だったのです。

ですから、「人生に運命ってあるの？　ないの？　どこに運ばれていくの？」と考えがちですが、実は、そうではなくて、あなたが自分という乗り物の目的地をどこに設定するか、設定した「目的地」イコール「運命」。**決められた「運命」イコール自分が描き設定した「ゴール」、ということ**だったのです！

50年以上、「悩み」と向き合ってきて…

さて、私の本をはじめて読まれる方もいらっしゃると思いますので、このへんで自己紹介させてください。

リズ山﨑、１９６０年生まれ（現在64歳）です。21歳のとき渡米し、ロサンゼルスでピアノの弾き語りを約10年。それはそれは濃い日々でした。

幼いときから「人はなぜ生きるの？」と悩み、20代で「ほんとうの自分とは」と真剣に考えたのを機に出会ったトラウマ。それは思いもよらぬ母親からの躾《しつけ》によるトラウマでした。

私が住んでいたのはニューエイジ発祥地のカリフォルニアでしたから、それはもうありとあらゆるヒーリングや心理セラピーなどがあちこちにある世界。そこで私は、徹底的に自分を癒し、数年かけて母を赦《ゆる》し、苦しみから脱皮を果たしました。ちょっとした不思議な経験なども通して、ほんとうの自分に目覚めたのです。そこで、自分の経験をもとに心理学とスピリチュアルを融合させたメソッドを開発し、創始したのが悩みを解決し願望を成就させるサラージ・メソッドです。

その後、35歳のとき日本に帰国しますが、当時は「ニューエイジ」と呼ばれていた精神世界やスピリチュアル系は、受け入れられていないことに愕然《がくぜん》とします。「人はみな無限の可能性」「自分が変わればすべてが変わる」などと言おうものなら、「怪しい人」と思われるのがオチでした（今ではこのような言葉はテレビＣＭでも使われる時代になっていますが）。

ですから、なるべく怪しまれないように、心理セラピストという位置づけで、生きづらさを抱えた人たちへの「トラウマ・セラピー」を行い、雑誌で注目を浴びたりもしました。

36歳からの４年間はメソッド完成のため大学で心理学を学び、39歳から執筆をはじめました。この25年間で、自己啓発や引き寄せの法則など45冊の本を上梓しました（なので、そのジャンルの普及には、いくらか貢献ができたのではと思っておる次第です）。

２０００年代以降は、パワースポットなどのブームも手伝ってスピリチュアルなことも一般に受け入れられる時代になりました。が、しかし、生きづらさを抱えた人の数って…、自殺者の数でも示される通り、減るどころかむしろ増えているではありませんか。

40年前の私が人生に迷っていたように、今後の人たちも「何をどうすれば良いのか」はっきりわからない…そんな社会に今後の人生を捧げたいと考え、60歳を目前に、ＹＯＧＡインストラクターの資格、公認心理師（国家資格）を取得し、心理学やスピリチュアルなどのさらなる普及と後進の育成に情熱を傾けています。

本書では、私の30年以上のスピリチュアル的な視点と心理学的な視点から、「成就のしくみ」を解き明かし、もっとも多くのケースに当てはまる法則や習慣づけについて、イイとこ取りで抜粋したものをお届けします。

「え、難しそう？」そう思われることを想定して本のつくりを序章・本編・解説編と３つのパートに分けました。

読んでいくだけで、知らないうちにだんだんと成就人間に進化してしまうというようになっています。難しいことはヌキ。とにかく今すぐちょっとずつ変われる具体策を満載したので、ぜひ「成就の力」に磨きをかけていただけたらと思います。

この本での「成就」という言葉について

さて、「願いが叶う・夢が叶う」という言葉は好きですか？

夢は好きだけど、「成功・成功者・目標達成」という言葉は嫌い、なぜなら、お金や地位ばかり手に入れようとガツガツ競争する、利己主義で冷たいイメージがするから、という人がいます。

その一方で、願いが叶う…なんて、ふんわりしていて現実に向き合おうとせず依存的な「夢見る夢子さん」が、いかにも使いそうな言葉だから嫌い、成功や目標達成という言葉のほうがしっくりくるという人もいます。

前者のタイプは「引き寄せの法則」「波動の法則」なども抵抗なく、「スピリチュアル」ウェルカムなタイプの人たちですね。

対して後者の、「成功」「目標達成」などの言葉のほうが受け入れやすいタイプの人は現実主義で、たとえば、パワースポットや開運グッズは非現実的で胡散臭《うさんくさ》いと思っている傾向があります。

よく聞く「右脳派・左脳派」の違いかもしれませんね。

けれども、企業やスポーツ選手も成功を祈念し神社参拝などするところをみると、みんな、あるところでは聖なる力への信仰や見えない力への祈念があることは否定できないでしょう。また、成功者や天才的なパフォーマンスをする人たちのなかで、潜在脳力を信じていない人は皆無でありましょう。

つまり、誰もが、自分の力を超えたアメイジングな潜在脳力で自己実現したいと望んでいるといえるわけです。

そこで、この本ではどんな人にも読んでいただけるよう、ここで言葉の定義をしたいのです。

たとえば、「コーヒーを飲む」という目的行為に対して

- **コーヒーを飲むことに「成功した」と言えますし、**
- **コーヒーを飲むという「願いを叶えた」と表現することもできるでしょう。**

でも通常はコーヒー飲むくらいのことには、成功したとも、願

いを叶えたとも言いませんよね。けれども、何かを成すこと、成されたことは、いずれも「成就」です。

まとめてみると、

●思考が現実化する
●目標達成する
●願いが叶う
●夢が叶う
●成功する
●自己実現する
●日常的な何かを行った

などは、どれも「成就」というひとつの言葉に集約できます。

ですから、**この本ではそれらすべてを「成就」として話を進めていきます。**さらに大切なことは、「成就」に至るステップやしくみも、違いは何もなく共通だということです。

これから、成就に必要不可欠なこと、段階ごとレベルごとに、高めたり深めたり広げたりしていくべきことなどを、**序章・本編・解説編**という構成でお伝えしていきます。

序章は前提として伝えたいこと、本編はできるだけ簡潔な表現で示すエッセンシャル（本質的）なこと、解説編は本編の補足として必要な説明となっています。

読み進めて理解し、習慣づけさえすれば誰でも成就の人になるはずのメソッドを抜粋してありますから、**既成概念を取り外して、できるだけオープンな素直な気持ちで読んでみてください。**

日々の生活のなか、あなたの傍に携えて、あなたの物語の完成に役立ててください。

Contents

解説編　あなたとあなたの人生を「成就」で満たす解説

本文デザイン　黒田志麻
本文イラスト　村山宇希（ぽるか）

序章

成就のしくみ

その5つのステップとは？

成就は「言葉の繰り上がり」

あらゆる物事が成就するには、必ず次の「5つの言葉の繰り上がり」を通過します。

それは、

したい→しよう→します→しています→しました

この5ステップです。

1 〈したい〉は、欲望、願望の段階。
2 〈しよう〉は、決断、決意、意志決定の段階。
3 〈します〉は、言い切る、誓言する、宣言の段階。
4 〈しています〉は、遂行、行動、継続など実行の段階。
5 〈しました〉で、実現した、目的達成した、成就の段階、となります。

どんなに小さなことでもどんなに大きなことでも、物事の成就は、この5ステップを通過しています。

たとえば、「今日ラーメン食べたいなぁ」と思うとする。これは〈**欲望・願望**〉ですよね。

そして、「よし、お昼はラーメンにしよう」と心に決める。これは〈**意志決定**〉です。

そこで、パートナーなり同僚なり一緒にいる人に、「今日ラーメンにするよ」と伝える、公言・宣言する。これが〈**宣言**〉。

そして、ラーメン屋さんへ行って「食べています」。これが〈**実行**〉。

最後は、ラーメン「食べました」で完了。〈**成就**〉ですね。

実際は、〈実行〉の「食べています」の時点で、食べているわけなので、成就しているのですが、ここでは、「言葉の繰り上がり」にフォーカスしたいので「食べました」という完了型をもって成就としています。

この言葉の繰り上がりのことを、私のメソッドでは「成就のステップ」「成就の5《ファイブ》ステップ」と呼んでいます。

成就のステップをスムースに繰り上がっていけば、思いや願いは成就できるわけです。逆にいうと、成就できないとしたら、この5つのステップの繰り上がり過程のどこかに問題があるに違いないのです。

問題とは、停滞して動けなくなったり、何らかの理由で諦めるなど、ドロップアウトしてしまったりすることです（もちろん賢明な理由で「やめる」ことを選択する場合もあるでしょうが、ここではそれは例外とします）。

私はこの本をすべての人の「成就」に役立ててほしい一心で、実際に役立てていただくことができるように書いています。その理由はふたつあります。

ひとつは、最近は情報が多く、本などを読んで頭でっかちになっている人が多いように見受けられるからです。もうひとつは、私自身、40年も前のことですが、色々悩んで本を読み、「そう、これ！」と自分にぴったりのケースに出合えると、感謝、感激、その説明の的確さに感心して、もう、その著者に恋してしまいそうになっちゃうほど。ところが、最後のページをぱたりと閉じたとき、私は毎回思うのです。

「で？　どうすればいいの？」と。

つまり、あなたの症状はこれこれで、原因はこれこれですよ、と説明され感動するまではよいのですが、ではどうしたら改善ができるか、という具体的な方策がなかった。

だから、私は一冊目の本を書いたときから、けっして読者に「で？　どうすれば？」と思わせないと決心し、具体的な使える提案をしたいと、今日まできているのです。

だから、なにが言いたいかというと、解決策は具体的に示されているので安心してくださいということと、なのでかえって、くどいほどの具体的提案・実践があると思いますが、ご理解くださいね、ということです。

成就の訓練　成就のステップを意識して過ごす

成就のステップについて、たとえをもうひとつお伝えします。

あなたが歩いているとしましょう。目の前の歩行者用の青信号が点滅しはじめました。交差点まで10m。そこであなたは「渡りたい」と思う。これがステップ1の〈**欲望**〉ですね。

そこで「ちょっと走れば今なら渡れる」と判断し、「渡ろう」と思うわけです。これがステップ2の〈**決断**〉。

そして、一緒に歩いている人に「渡るよ」「渡ります」と伝える。これがステップ3の〈宣言〉。それで小走りして「渡っているところです」となる。これがステップ4の〈実行〉。そして、「渡りました」で、ステップ5の〈成就〉。これが成就の5ステップです。

日頃は、このような「言葉の繰り上がり」を、自覚はしてはいないと思います。けれども、必ず欲望からはじまって成就まで5ステップの言葉の繰り上がりを通過していますから、どんな気づきを得られるか、この「成就のステップ」を意識して過ごしてみてください。

そのための自己観察のレッスンにさっそく入りましょう。

「**実況中継**」をするようにしてください。こんな感じです。

テーブルの上のコーヒーカップ見ています、飲みたいです、飲みます、カップを取り上げました、飲んでいます、飲みました、カップを置きました。というように、自分の行動をその場で心の中で実況中継するのです。

「実況中継の自己観察」をうまくやるための、そのまたコツとしては、

1　深呼吸すること。

2　スローモーションを心がけること

です。

成就を阻《はば》む否定的思考に気づいてみる

ラーメンとか歩行者信号だったら簡単に〈したい〉から〈しよう〉に段階を繰り上げることができるでしょう。が、たとえば、パンフレットを見ているとします。

「世界一周 豪華客船の旅」のパンフレットです。

そこで、「行きたいな～」とは思う。「行けたらいいなぁ」と。

けれども「じゃあ行こう」と、すぐにはステップ2の〈決断〉へ繰り上がらない。なぜかというと、到底無理、とか、そんなお金ない、とか、3か月も休めるわけない、などと自分なりの見積もりをしてしまうからですよね。この自己査定がステップアップを阻止する元凶です。

世界一周はほんの一例ですが、私たちの多くは「したい」と思っても、いろいろとできない理由を自分に与えてしまい、次のステップへと言葉を繰り上げられずにいます。

言葉さえ繰り上げれば、ひとりでに次のステージ（次元）へ進むようにできているというのに、みずから「でもの壁」で成就を阻んでしまうのです。

自己実現している成就の人は、この「でもの壁」がないか、極めて低いか、言葉の繰り上がりを利用して肯定的な宣言を潜在脳力に復唱する「アファメーション」を実践しています。少なくとも、無条件のダメ出しや、立ちはだかる「でもの壁」に負けてしまうような心の習慣はないのです。

潜在脳力は無限の可能性

ところで、無限の可能性を秘めている潜在脳力について「潜在脳力は、飛んでいる鳥を射止めるのも止まっている鳥を射止めるのも、どちらも同じようにたやすい」といわれます。

つまり、私たちの顕在意識や固定概念が「これは簡単そうだからできる」「これは難しそうだからできない」という区別をするけれども、本来備わっている潜在脳力にはそんなことはまったく関係ない。むしろ、そうした判断を下すやいなや、無限の可能性は限定された枠内に収められてしまうのです。

だとしたら、取り外すべきは、「制限された思考」ということになりますよね。この制限された思考こそが、「自我」なのです。

そんな自我をゆるやかにし、潜在脳力を通すための具体的な方法を、この本では示していきますから、あなたはできる限り制限や条件を外して、「できるだけ素直に」やってみてください。そうすれば、あなたはあなたの人生をガラリと変えて、想像もしなかったほど素敵な、最高にハッピーな港へと辿《たど》り着き、最高の舞台を演じることになるでしょう。

なお、この本では、潜在意識、潜在脳力、無限の可能性、宇宙の力、神の力、聖なる力、光など、いくつもの表現で「成就の力」を表します。それらは、内にあるイメージか外にあるイメージかの違いでしかありませんから、それらも基本的には、同じ力と考えています。ですので、もしも、私が文中で使用する言葉に関して、気になることがあれば、ご自分の受け入れやすい言葉に置き換えて読み進めていただけたらと思います。

現実はあなたの肉体の外側。つまり皮膚を境とした、外にあります。
〈したい〉と芽生えた欲望を成就させるのは皮膚の外。
内にある思いを皮膚の外に運び出すことがあなたの役割。

この本は、
●あなたの自由意志とあなたの身体をつなぐ成就の力を育てる本です。
●知るべき基本的な「知」について書きました。
●成就の力を養うための数々の訓練について書きました。
どれも日常で意識さえすればいつでもできる習練です。

あなたが船長で、あなたが指揮者で、あなたが主役。
柔軟で自在な心と身体があなたの人生をいかようにも創り出すことができるのですから、
華麗に自由に柔軟に、可能性の人生を拓《ひら》いていきましょう！
さあ、成就の力を養うお稽古のはじまりです。

本編

成就の法則

しくみと習慣で
「叶う」が
当たり前の世界へ

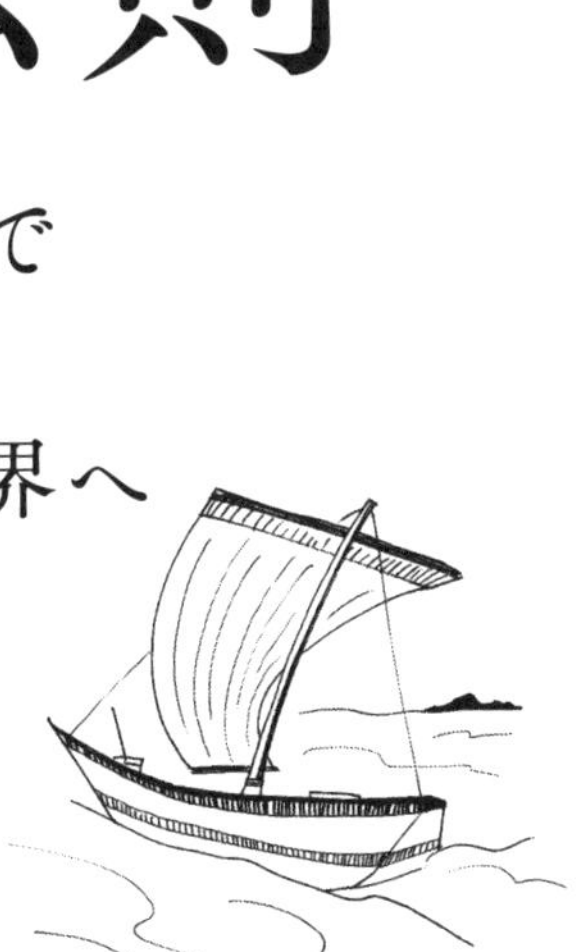

いつも喜んでいれば喜びの人生は約束されます。だから、いつも喜んでいなさい

喜びのエネルギーは喜びをもたらします。

ラジオやテレビでは、チャンネルごとに違う電波を受信し、違う番組を見られます。人間もそれぞれ周波数を放っているので、その波動に同調した周波の人や出来事が現実という名のスクリーンに現れるのです。

だから、いつも喜んでいてください。

思考は現実化する、といわれるところです。が、正確には思考だけで

はなく、**「身体・心・魂（気）」の3つの層の総合体が周波数となり、放射・放出します。**その波動が、現実を創り出すのであり、これを簡潔に表現するのが、思考は現実化する、という言葉です。

もしあなたが、なにかと否定的に、被害的に受け取るクセがあるならば、そのフィルターによって、カラフルな喜びの世界は、嫌なことだらけのつまらないモノトーンの世界に沈められてしまいます。

だから、いつも喜んでいましょう。

うれしい、たのしい、しあわせ、ありがたい、かわいい、おもしろい、やさしい、おいしい、うつくしい、すばらしい、うっとり、感謝…と。

いつも喜びを見つけては、ウキウキ喜び続けていてください。

今までがどんな人生だったとしても関係ありません。

過去も年齢も関係なく、人生をガラリと変えることができます！

だから、いつも喜んでいてください。徹底的に、意識してみてください。

ご機嫌でいれば、ご機嫌な人生が成就されます。だからご機嫌でいてください

ご機嫌の法則、引き寄せの法則、です。
法則ですから、それ以上の補足《ホウソク》はありません（ダジャレです）。
ご機嫌でいるだけで、ご機嫌な人、ご機嫌な出来事を引き寄せる。
これも法則です。

逆に、たとえば、接客業の店員が、仏頂面《ぶっちょうづら》で接客していると、

お客から叱られることが多くなります。

不機嫌にしていたつもりがなくても、です。


楽しそうな雰囲気や笑顔はそれだけで人を安心させ、まわりをハッピーにさせます。

働ける身体や環境があることに感謝し、喜んで、嬉しがって、笑顔笑顔、ハッピーハッピー、感謝感謝で、すべての人と接しましょう。

資本ゼロ。得はしてもぜったい損はない「ご機嫌の法則」です。


どうしても楽しそうにできない場合はただ、

「口角を上げて深呼吸！」

これを続けるだけで、エネルギーの向きもあなたの印象も上向きになり、良いことが続々と起こるようになること間違いなしです！

あなたはその好意を得るに値する存在です。
堂々と欲し、
ありがたがって受け取る人には
さらに与えられます

子どものように欲してください。
「ちょうだい、ちょうだい」と天に両手を開いて。

人に迷惑をかけてはいけない、人を頼ってはいけない、と
せっかくの好意を拒否していませんか？

遠慮なく欲してよいのです。

そして、安心して受け取ってよいのです。

あなたはその好意を得るに値する存在です。

あなたが、今ここに生きていることがその証拠です。

そこで、ありがたく受け取らないのは、神様からのギフトを「ノーサンキュー」と突き返すことになってしまいます。

神様は気前がよいのですから、
あなたが喜んでいる姿を神様も喜ぶのです。

そして、神様は人間が完璧でないことだって百も承知。

むしろ「お手上げ状態」になって求める方が、あなたという「通り道」が大きく開通するので、求めはストンと叶えられるのです。

遠慮は禁物、喜んで堂々と欲しがって、そして受け取りましょう！

あり得ないことが「奇跡」。だから、あり得ない「人・こと」を許し受け容れてください

ありがとうございます。

ありがとうございます。感謝します。

今日一日、あり得ないこと、あり得ない人、受け入れ難い出来事や人を許してください。過去でも現在でもよい。許せていないことを「許します」と宣言しましょう。あり得ないことが起きることが奇跡だからです。

「あり得ない」失礼な人、に対しても、普通こうだよね、と、普通でな

いものに対して、呆《あき》れた心を示していないか、よく自己観察して、普通は○○、と考えるのをやめてください。普通、前から来るよね、と言われても、奇跡は、後ろから来るかもしれませんし、足元から来るかもしれません。**奇跡は普通ではないのです。**

自分自身にも「なんでもあり」を許してください（もちろん法律に反していないことや人の迷惑にならないこと、人を傷つけないことなどの常識の範疇《はんちゅう》であることは大前提として）。

あなたを傷つけた人物をも許してください。あなた自身が許されるためでもあり、普通ではない奇跡の人と成るためでもあります。良くしてくれた人の過失を許すより、自分を痛めつけた人を許すほうがはるかに難しいでしょう。だから、それができる人は、普通ではない聖なる力の通り道と成ることができるのです。

「でもの壁」パターンに気づく自己観察の訓練

「でもの壁」を取り外すため、自己観察で内観し、成就のステップのどのあたりで滞りが生じるのか「パターン」に気づきましょう（序章P29～32参照）。

すると、人目を気にしているとか、自分には無理と思うなど、パターンが見出されることでしょう。これが「でもの壁」です。

大きな決断の場面ではなく、日常の小さなことを観察するようにしてください。気づいたパターンを書き留めてみるのもよいでしょう。

思いを成就させるのは脳と身体の結びつき「思い・即・行動」の訓練で成就の力を養う

「善は急げ」で、即、行動する脳と身体の軽快な連係を習慣づけましょう。「迷っているならやっちゃおう」「考えている間に実験のつもりで動こう」と考えるのもよいでしょう。損か得かとか、くだらないとかくだるとか、そんなこともどうでもよい。ただ、**「思い」と「行動」をつなぐ瞬発力の訓練**だと思ってください。

ぱっと思いついたこと、自分のことでも人への親切などでも結構。考えを挟《はさ》まず「思い・即・行動」の練習をしてみてください（逆に行動過多の傾向にある人の場合はＰ82～83の「反応しない練習」を）。

「成長・癒し・成就」三位一体の法則

蕾《つぼみ》が花を咲かせるとき、花びらは一枚ずつ順に開くのではなく、同時に開きます。

成就も同じで「成長・癒し・成就」は一緒に開花する花びらなのです。

これを私は「成長・癒し・成就　三位一体の法則」と名づけました。

つまり、成就だけが単体ではやってこないものなのです。

同時進行で、成長のプロセスがあります。他者を理解するなど、大きな表現では悟りのほうへ成長するようにできています。

また、癒しもワンセットです。過去のトラウマが癒され、心が洗われたり、カルマが浄化されたりという魂レベルのプロセスが用意されています。

これは「成就の法則」「成就のしくみ」です。

一人ひとりに与えられた、あるいは一人ひとりがもって生まれた「課題」というものがあり、一見、つらい試練に見えますが、それこそが成就と不可分なギフトなのです。そのときこそ感謝し、課題遂行していくから「成就」へ向かうようにできているのです。

「こんなときに限って足止めくらって」自分はアンラッキーだと意気消沈したりせず、これが成就とワンセットの花びらで、相乗効果で、相互補正的に花開く三位一体の法則なのだ、と心得て、ありがたい気持ちで臨んでほしいのです。

ポジティヴなセルフトークで
人生を変える。
思いが現実を作るからです

難しそう、大変そう、私には無理、面倒くさい、なんで私ばかり、どうしてあの人は…。

そんな口癖や、心のなかでのつぶやき（セルフトーク）はありませんか。ハッピーで可能性に満ちたポジティヴなセルフトークに変換することで、人生は激変します！

楽しみ楽しみ。楽しみにしています。

できたらいいな。できたら最高。きっとできる。やってみます。
やったるで！　ノープロブレム。楽勝よ！
ありがたい。光栄です。嬉しい。
感謝です。感謝します。
できるできる。簡単簡単。
すごくいい！　困ることなど何もない。
すべてはうまくいっています。

So far so good!（今のところ最高！）
Everything is perfect!（すべてはうまくいっています！）
I'm so good!（私って最高！）

成りたい自分になっていい。成りたい自分になるのは自分

イライラして嫌な顔して、誰かに不機嫌をアピールしたり、
意地悪な気持ちで誰かに嫌みを言ったり、心で批判したりするとき、
それは心底楽しいか、それは心底幸せか。
そんな自分は美しいか、カッコいいか、そんな自分が大好きか。

きっと答えはノー、なはず。

「では、どうありたいの？」

「どんな自分を素敵だと思えるの？」

誰も見ていないところで、ご覧になっているのが神様です。
誰にも知られないところで、弱いものいじめをすれば、そのエネルギーはブーメランのように自分に戻ってきます。人は自分より弱いものと二人きりになったとき本性を現すものです。自分のことをいじめてもいけません。自分を愛するように他者を愛することのできる誉《ほま》れ高い自分に今すぐなりましょう！　次の**アファメーション（成就の言葉）**を唱えると、より効果的です。

【アファメーション】
私は、最高にハッピーな自分になりました。
私は、なりたくない自分ではなく、なりたい自分になっています！

声に出して読むだけで、無限の可能性が湧いてくる

すべてがうまくいくアファメーション

※口角を上げて深呼吸しながら、心のなかで、あるいは声に出して、丁寧に復唱してください。

すべてはうまくいっています。
すべてはうまくいっています。
すべてはうまくいっているところです。
ありがとうございます。ありがとうございます。ありがとうございます。

今、私のすべては、うまくいっているところです。
今、私のすべては、うまくいっているところです。
今、この瞬間にも、すべては刻々とかたちを変えて、
よりよいほうへと、変わりつづけているところです。
ありがとうございます。ありがとうございます。

今、すべてが最高最善のプロセスのなかにあることを、私は知っています。
すべてに最高最善の、意味と理由があることを信じている私は、
すべての経験を感謝して受け容れています。

column

すべてに最高最善の、意味と理由があることを信じている私は、
すべての経験を感謝して受け容れています。

私が日々のすべてを感謝して受け容れれば受け容れるほど、
私の人生はさらによくなり、すべてはさらに容易《たやす》く成就します。
私が日々のすべてを感謝して受け容れれば受け容れるほど、
私の人生はさらによくなり、すべてはさらに容易く成就します。

日々のすべてを感謝して受け容れている私の毎日は、
さらによくなり、さらにすべてのものごとが容易く成就されています。
日々のすべてを感謝して受け容れている私の毎日は、
さらによくなり、さらにすべてのものごとが容易く成就されています。

すべてはうまくいっています。
すべてはうまくいっています。
すべてはうまくいっているところです。
ありがとうございます。ありがとうございます。ありがとうございました。

「やっぱり○○」で人生をガラリと変えることができます

やっぱりダメだった、やっぱり上手くいった。
やっぱり俺ってスゴい、やっぱり俺はダメなやつ。
やっぱりこいつデキる、やっぱりこいつ使えねぇ。

結果はあなたの期待通り。
結果はあなたのシナリオ通り。

だからあなたは、「やっぱり○○」というのでしょう。

やっぱり、思い描いた通り〇〇ということでしょう。

どんなときも、「やっぱりうまくいった」にしたいあなたは、どんなときも、よい期待、よい想像をしてください。

すべての可能性を心から応援して信頼して心待ちにしてください。

コーチや教師、上司が特定の選手や部下に期待をかけると、本人に伝えなくともその人の成績が上がるという心理的な効果を、ピグマリオン効果というのですが、この喜びを伴う期待のエネルギーは人にも我にも神様にも通じるものです。ですから、今日からは心配するのではなく、自分自身にじゅうぶんポジティヴな高い期待をもつことのできる自分であり続けましょう。

心を固くせず
いつも柔軟でありなさい。
柔軟な心に可能性や奇跡は
通されるからです

決めたことを貫く力のあることは結構なことです。
が、怒りや憎悪から心を閉ざし、
頑なになるのはもったいないことです。
なぜなら、あなた自身が、望む可能性や奇跡とさえ言える力を
閉め出してしまうからです。

怒りや憎悪という激しい感情でなくとも、意固地になって態度を変えない、頑固な決めつけや思い込み、負けず嫌いやプライドなどで、気持ちを曲げないでいることも、もったいないことです。むしろ、そうしたときは、柔軟に華麗に身を翻《ひるがえ》し、頑なな心、つまり頑固な自我を柔軟自在にUターンさせる力を育むチャンスなのです。

そんなときは、頭で考えてはいけません。

「えいっ、やー!」とただ切り替える。

あるいは、「せーの!」と向きだけ変える。

人は本来それほど柔軟自在なのです。

自分という器、自分という帰り道をいつでも柔軟、自由自在に広げられるよう習慣づけましょう。

怒りやイライラはもったいないエネルギーの無駄づかい。生産的なことにエネルギーを使おう

人はみな幸せを望んでいます。

だから幸せハッピーご機嫌でいることだけを目指してください。
怒りやイライラは非生産的なだけでなくあなたの人間力も周波数も、運も人気も下げてしまう毒魔です。

「でも…」と思いたくなる気持ちは、よくわかります。でも、でもはナシ！
感情トレーニングだと思って習慣づけましょう。

なぜなら**「でも」と例外をつくって怒りやイライラをぶちまけてしまうと、暴れ馬はそれに慣れてしまい、あなたは大事な馬車を操ることができなくなってしまうからです。**そのうえ事態を悪循環のほうへ雪だるま式に増大させてしまう損なことでもあるからです。

教育心理学の研究では、成績優秀な生徒ほど、結果が良くても悪くても「自分の勉強や練習が足りなかったから」とか「自分がよく頑張ったから」と、自分にその原因を帰属させる（内的帰属）のに対して、成績不振の生徒ほど、「問題が難しすぎた」「環境や条件が悪かった」など、その原因を他のものに帰属させる（外的帰属）傾向があることがわかっています。

人のせいになどしていない、八つ当たりなんかじゃない、と思っていても、自分にとって、もったいないことにならぬよう、**怒りやイライラのエネルギーは、次に活かす自分のパワーにすることに**しましょう！

誰もが「魔法の杖」をもっている

魔法の杖《つえ》さえあれば、最高！　と思うかもしれません。

けれども人はみな無限の可能性なのですから、本来、すべての人に魔法の杖は手渡されているのです。

ではなぜ、そう簡単に魔法の杖を使うことができないのでしょう。

それは、魔法の杖を扱う者としての心得がまだ確立されていないので、封印されている状態だからです。

たとえば、嫌なことをされてすぐ仕返しするような心の持ち主が魔法の杖をもっていたら、相手を破滅させるほうへ杖を振ってしまうことでしょう。だから、**魔法の杖は封印されている**のです。

その杖はあなたの深い、あるいは原始的な欲求と連動しているので、無意識にちらっとでも悪いことを思うだけで、自動的に悪いことを起こすほうへ杖が振られてしまう。魔法の杖だけに、それほどの力があるというわけです。

つらいことや嫌な人が絶えないならば、それこそが、魔法の杖を手に入れるための修行に違いないのです。

だから、自分のことを思うのと同じように他者を思い、競ったり蹴落《けお》としたり奪ったりする心ではなく、いつも思いやりの心、分け与え尽くす貢献マインド、何事にも心から感謝する心、もっと言えば、あなたを傷つけた人をも許す気高い心を体得できた人に、神様は安心して魔法の杖を預けてくださるのです。そのときこそ、潜在脳力が永遠に解禁になるときなのです。

「無限の可能性」に騙されるな

「無限の可能性」と言われると、聞き心地がよいですが、よい方角にのみ180度ではなく、全方角に360度ですから、よいほうへのチャンスや選択肢も無限であると同時に、悪いほうへも無限の可能性があるということなのですよね。

180度とか360度という表現は、紙面に描くような平面的な二次元です。これが立体的・空間的になりますと、宙に浮いている「自分」という中心点から、四方八方へ放射状に無数の「線・光線」が発せられているイメージです。

この無数の線なり、光線なり道なり、枝分かれなりが、「無限の可能性」です。この線・光線のなかのどれかが、自覚の有無に拘《かか》わらず選択されるから、それが「道」になり現実となるのです。

結局は、この瞬間瞬間に無数の枝分かれがあって無数の選択肢がある、そのなかで、あなた自身が行き先をどこに設定して、なにを選択するのか、これがあなたの人生を創っていくのです。

column

そうした無数の選択肢のなかから自覚的に、ハッピーなほう、豊かなほう、正しいほうを選択することができれば、もちろん問題ありませんが、私たちの意識は、そこまで覚醒していませんし、感情や欲求に対して完全な制御力が備わっているとも言いきれません。

それでも自己への気づきを高めて、これまで無自覚・無意識な習慣として、オートマティックに選択していたことを、少しでも意識化しようとするのが、「成就のステップ」の段階をみずから自己観察する実況中継法だったわけです。そのようにして、「自由意志」を使えるようになることが、私たち一人ひとりが養うべき「脳力」であるのです。

「休息」と「安静」は違います。「何もしてはいけない日」を強制的に設けるメリット

あるとき人間ドックに入りました。ある検査のために造影剤を打ってから1時間ほど休むことになりました。

リクライニングチェアのある薄暗い部屋へ通されると、看護師さんは、「1時間くらいしたら、呼びにきますから、それまで安静にしていてください」と言って立ち去りました。

あらかじめ休む時間があると聞かされていた私は、さっそくイヤホンで音楽をかけてくつろいでいました。10分くらいすると、さっきの看護

師さんが私の様子を見にきました。看護師さんは困った顔をして言うのです。

「安静にしていてください」と。

理解できない私は自分の耳を指差し「音楽も？」とたずねました。

すると、看護師さんは、さらに困った顔をして、

「はい～。休養と、安静は、違うんでね～」と言ったのです。

ああ、そうなのか！　**どんな癒しアイテムでも、視聴覚刺激がある限り脳神経は活発に情報処理しているわけで安静とは言えない。**看護師さんの困った顔は呆れた顔でもあったのだと思いますが、私にとって貴重な体験となりました。

お金と同じく時間にも収支のバランスは必須。浪費時間を算出し人生を充実させていきます

専門家からすると、「お金がない」「貯金ができない」と嘆く人の大半は、お金がないのではなく浪費が多いそうです。お給料（収入）が決まっているなら、支出を抑えれば、そのぶん貯金に回せるのですから、お金がないわけではない、のです。

「時間」にも、まったく同じことが言えます。

省ける浪費時間をしっかり見出すことができれば、

人生を成就させることができます。

お金も時間も支出の見直しをせずに最良のバランスを見出し、実現することはできません。現実直視が怖い、などという暇はありません。私たちは、現実の世界で成就を手に入れたいのですから、都合よく逃げることはもうやめて腹を括《くく》って現実と向き合うことにしましょう。

1日24時間は事実ですが、だからといって平等に与えられているかというと違います。人それぞれ忙しさは違うからです。お金があっても浪費して使い果たしてしまう人もいれば、多くはない収入でしっかり貯金や投資をしている人だっています。

お金の管理ができている人は現実を直視しているからです。

シビアに浪費時間を算出して、充実した人生を成就させましょう。

過去に生きて、人生の時間浪費をしていませんか

以前、こんなことがありました。お友達3人で3時間くらいの予定でランチタイムを楽しみましょうと待ち合わせしたときのこと。一人がほんの5分ほど遅刻しました。でも無事会えましたし、私ももう一人の友人もまったく気にしていませんでした。

ところが、遅刻した本人がすごく気にした様子で、レストランまでの道のり、ずっと、いわゆる言い訳をしていたんですね。間に合うように着いてはいたんだけど、どこどこがわかりづらかった…というようなことだったと思います。それに対してこちらもずっと「いいのよいいのよ、

会えたんだから」と答え続けていました。

人混みのなか3人、後になり先になり後になり歩きながらレストランへ向かっていく最中、彼女はしきりにその話をし続けていました。彼女はとても真面目な人で、「過剰内省」といって反省しすぎるタイプなのだなぁと思いながら、「だいじょうぶ」と繰り返し答えていました。

とうとうレストランに入り席につき、「さあ、なに食べよう」とメニューを開いても彼女はまだその話をしていたのです。時計を見てみると、彼女と落ち合ってからすでに15分たっていました。その後ようやくランチタイムを楽しむことができましたが、3時間のうちの15分というと「12分の1」。1年に換算すると12か月のうちの1か月。そう思うと、もったいなくありませんか。

前向き後ろ向き、時間の浪費、我が身を振り返りたいものです。

成就の人は「賢明な危機感」をもっている

子ども時代、夏休みの宿題を早めにやるタイプでしたか、毎日少しずつやるタイプでしたか、それとも最後に慌てて頑張ったタイプでしたか（私は最後の最後でした）。

人生も「夏休み」のように限りがある。

そのうちそのうち、と思っていたらすぐ終わってしまう……。

嫌な気分にさせるつもりはありませんが、これ、現実・事実・真実に他なりません。

後々、痛い思いをしないために「賢明な危機感」をもつことは大切だと思います。プラス思考がよいという考え方でいくと、危機感はマイナス思考のように思われがちですが、そんなことはありません。世界経済を動かしているとも言われ、大富豪の多さでも知られるユダヤ系民族は「ネズミより逃げるのが早い」と喩えられるほどです。社会的な危機をキャッチするズバぬけた、嗅覚があるということでしょう。

時代や経済の危機に敏感であれ、と言いたいのではありません。私たちの生きる時間には限りがあります。「むやみに焦る」のと「賢明な危機感」をもつのとでは、まったく意味合いが違います。

「このままいくと」どうなりそうか、先を予想し、常に賢明な危機感をもち、賢明な判断・行動ができる成就の人になりたいものです。

言葉通りに受け取れば傷つくことも怒ることもなくなります

言葉を、言葉の通りに受け取るようにしましょう。

なぜなら、相手の言葉に傷ついたり、怒ったりすることの大半は、自分の受け取り方、自分の捉《とら》え方の問題だからです。

たとえば、恋人に「ヘアスタイル変えた？」と聞かれたとき、咄嗟《とっさ》に「似合わないのかな」と捉えてしまい、もう嫌われた、と不安になってしまったりするケース。

ほかには、「まだ？」と聞かれただけなのに、「こっちだって大変なのよ！」と怒り出すようなケース。

いずれも、言葉そのまま言葉通りにとっていないことがわかります。前者なら「変えたわよ、どうして？」と返すこともできますし、後者なら「あと○分くらいかかりそう」と答えればよい場面かもしれません。

「受《じゅ》・想《そう》・行《ぎょう》・識《しき》」といい、「受」で受け取った情報（ここでは言葉）を「想」で捉え解釈するのですが、このとき人それぞれ自動的なパターンでフィルターを通すので、次の「行」でそれなりの言動が発せられ、最後の「識」で、穏やかに終えたとか、喧嘩になったなどそれなりの認識に至るのです。

最終的に楽しかった、よかった、という認識に至らしめるために、「想」での捉え方を改善する。それだけで、傷ついたりカチンときたりなど、感情的なトラブルは激減することでしょう。

海で泳ぐには、海に飛び込み、泳ぐこと。人生を生きるには「人の海」に飛び込み生きることです

人を、傷つけないこと、怒らせないことを、
恐れすぎてはいませんか。
自分をがっかりさせないこと、自分が傷つくことを避けようとして、
気に病んだり考え込んだりする時間が長いことはありませんか。

海に波や魚があるように
人生には人があります。

海に泳いで、波や魚と、戯《たわむ》れるように
人生の水遊びでは、人と交わり、戯れます。

びしょ濡れになって
しょっぱい海水を飲みこんだりしながら
自然の恵みに遊び、自然の恵みと仲良しになろう。

かすり傷を負ったっていいじゃない
恐れず人のなかにダイブしてみましょう。

人生は一冊の問題集
相手を変えても課題はついてくる

人生は一冊の問題集のようなもの。

途中でつまずいて、その問題集を投げ出し別の問題集に取り組んでも、また同じところでつまずくようにできています。問題集の表紙が替わっても、「何章何節」、同じページ同じ箇所でつまずくものです。

職場での悩みや挫折、パートナーや恋人、人間関係での悩みなど、投げ出したり、次へ行ったりしても、問題集の表紙が替わるだけ。**悩みの種類、問題のパターン、学ぶべき課題は、決まっているので、学び終え**

ないと卒業できないようになっています。

たとえ、明らかに相手に問題があるにせよ、そこから学ぶ努力をせず、離れてしまっては、また、次の関係で同じ課題に直面させられることがほとんどと言えましょう。

人間関係では、話し合うこと、わかり合うことから、逃げずに、諦めずに、わかり合う努力をすることが課題の場合もあります。また、互いの違いを理解し合い、認め合い、受け入れ合うことが課題の場合もあります。

いずれにしても、**そこに課題があるからこそ、お互いが今世で関係を結ぶご縁をいただいているのです。**

もちろん、逃げる勇気、離れる決断が大切なこともありますが、積極的に歩み寄る努力は、あなたの人格・品格、精神性を高めるものです。

希望をもって、明るい気持ちで話し合いを習慣づけましょう。

話し合い成功のコツは感謝と信頼。それがあなたを成長させ奇跡さえ齎《もたら》します

話し合うとき、相手が配偶者であろうと、恋人であろうと、親であろうと子どもであろうと、相手に対して「どうせわかってくれるはずがない」と決めつけているなら、可能性もそこまでです。

その場合は、むしろ、わかってもらえる前提で、期待をもって話し合いに臨むことがあなたの成長課題といえるかもしれません。

どうせわかってもらえない、と思ってしまうと、あなたから不信頼のエネルギーが発せられます。すると当然、相手はあなたの描いたシナリ

オ通りに反応することでしょう。だから、コミュニケーションの場を得られたことに感謝し、相手の可能性を信じて、話し合いに臨みましょう。

このとき、あなたにはそれなりのストレスが溜まっていて感情的になりやすいですが、そこが正念場。**「あなたっていつも〇〇だよね」のように相手を主語にするのではなく、自分を指差し、「私は不安なのよ」のように、「私は」を主語にしましょう。**

また、相手の言い分を聞く側に回ったときは、とことん肯定的に受容的に聞き入れましょう（相手の話を遮《さえぎ》らない・最後まで聞く・「でも」と否定しない。「そうだよね」「そうだったのね」と共感する、など）。

話し合いの習慣がない相手に対しては、まずは相手に「二度と話し合いたくない」と思わせないことです。

根気や信頼が、あなたを成長させ、内なるパワーを開通させます。

ビクビクするのではなく堂々としていなさい

いじめられるなど、**嫌な扱いを受けるに違いない、と心が信じていると、そのシナリオがあらかじめ描かれ、そのイメージどおりに外界も形成されてしまいます。**

だから、ビクビクするのではなく、いつも堂々としていなさい。

そうすれば、意地悪な人を遠ざけることができます。

それだけでなく、あなたを害してくるあらゆる出来事があなたに近づいてこなくなります。

トラウマ関係には再現性があるため、たとえば、子どものころ厳しかった親に似たタイプの人が現れると、当時、親に対して何も言えずビクビクした感覚が蘇《よみがえ》り、ビクビクした態度で接してしまうことがあります。

理不尽なことが起きたとき、黙って飲み込んでしまうのではなく、目の前のその対象を直視して「はぁ？　なにか？」と純粋なまなざしで、堂々と反応すればよい。

いざというとき、堂々と対応できるようになるには、日常での在り方を習慣づける必要がありますから、常に心も身体も真っ直ぐ立てて、呼吸、眼差し、立ち居振る舞い、声、言葉、など、自分という存在を、「びくびく波動」から、「堂々波動」へと変換させておきましょう。

あなたは、嫌な思いをビクビクと耐えるために生まれてきたのではなく、堂々と幸せになるために生まれてきたのですから！

「反応しない練習」でほんとうの人生を手に入れる

私たちの脳は、絶えず、外界内界に対して反応し続けています。思い、として浮かんで消えていくものもあれば、浮かんだ思いから次々連想して、考え事をしたり、妄想したりすることもあるかもしれません。外からの刺激（心理学では五感に到達するすべてを「刺激」と呼ぶ）に、反射的に反応し行動に出ることもあります。

「売り言葉に買い言葉」などは反射的な反応が行動に出てしまうよい喩《たと》えですね。あるいは、テレビやネットで見たものが欲しくなり、すぐに購入するというのも、刺激に対して反応した結果ですね。

Ｐ45で「思い・即・行動」の練習を提案しましたが、反応しすぎてしまっても、日々の雑用や余計な仕事を増やしてしまうものです。その結果、あれこれ広がりすぎて、「ほんとうにしたいこと」「真にすべきこと」のレールからはずれてしまうことがあるので注意する必要があります。

そこで、登場するのが「反応しない練習」です。たとえば、

・背後で、物音がしても、音を認知はするがあえて振り返らない。

・いつもいい人役の自分がすぐ人の言葉に反応して親切な行為を反射的にする傾向があるなら、それをあえてしない。

・お得情報や期間限定のイベント、流行《はや》りものなどにも「我関《われかん》せず」で反応しない。など。

そこまでやって、ようやく「いつかしたいと思っていたこと」「かねがね興味のあったこと」「真に歩むべき道」へと人生のレールが向かうものなのです。

心身を癒し無限の力に満たされる

1分間・パワーチャージ瞑想

［吸う］ ていねいに、愛情をこめて、ゆっくり息を吸う。
（基本、鼻で呼吸する）

↓

〈吐く〉 ていねいに、愛情をこめて、我慢や苦しみ、ストレスを吐きだす。

↓

［吸う］ 口角をあげて、肩の力をゆるめながら、細長い呼吸を続ける。

↓

〈吐く〉 背骨を引き上げ、最後まで吐き絞り、会陰《えいん》（肛門周辺）を締《し》めあげる。

↓

［吸う］ 頭頂《とうちょう》から宇宙の光（気）が背骨の一節一節に流れ入り満ちるのを感じる。

↓

〈吐く〉 宇宙の光のエネルギーが尾骶骨《びていこつ》から背骨を上り、頭頂で噴水のように逆噴射。

column

←【吸う】宇宙の光のエネルギーが頭頂、背骨から全身に循環し、パワーが漲《みなぎ》る。

←〈吐く〉「体・心・魂」の汚《け》れ《が》も苦悩も宇宙から強力に吸引され、さらに軽くなる。

←【吸う】最強のパワフルな光が全細胞に充満し、エネルギーがめぐっている。

ありがとうございます。ありがとうございます。

どうもありがとうございました。

強く嫌悪しないでください。強い嫌悪はかえってそれを引き寄せるからです。

悩みやストレスと関係をもちたくなければ嫌悪《けんお》しないでください。振り子を強く向こうへ押しやれば、そのぶん振り子は強く、こちらへ戻ってきます。反作用の法則です。

「あっち行け！」と強く嫌悪すればするほど、当然その反動で強くあなたに、ごっちんこ。嫌な人、嫌なことを引き寄せてしまうのです。

気がかりなものにさせているのは自我の強い嫌悪感にすぎないのです。好き嫌いにさえ執着しなければ、悩みは生じないというわけです。

認める、ということは
ただ在るもの、とすること

受け入れ難い存在を、あなたの心に侵襲《しんしゅう》させないために、その存在を認めてください。**認めることは、好むこととは違います。**

道端の石ころを跨《また》いで通り過ぎるのに、石ころを好もうと心的エネルギーを費やしはしませんよね。気にも留めない、けれどそれはそこに存在している。それが認めている状態です。積極的行為ではないのです。

見守るという情緒的あたたかさ以前の状態（関係）、「ただ傍観」。ただ在るものとして「放置」。これが認めている感覚です。

嫌な人ほど、あなた自身の「心の欠片」。成就のための、ありがたい存在

自分の心が外界や相手に映し出されるとはよく聞くところです。とはいえ、あまりに酷《ひど》い人の場合は自分の反映として受け入れることは到底できないと思うでしょう。

けれども、こう思ってみてはいかがでしょう。あちらは大海、こちらは海水のひとしずく。その一滴を顕微鏡で見るなら構成要素はまったく同じなはず、と。

きっとあなたのなかの「**旧《ふる》い自分**」の**欠片《かけら》**なのです。

次のステージへと生まれ変わろうとしている心の残像がそのひとしず

くとなって外に押し出され、鏡に映ってくれたのでしょう。

だから、やり返したり対抗したりなど感情的に反応しないほうがよい。

過去の自分を許し愛するチャンスとして受け容れさせていただくとよい。

それが賢明。それを示すために相手はあなたのステージで悪役を演じてくれているのですから。

あなたが学び終えると、過去の自分も癒され、そうした嫌な人からも卒業でき、その人はあなたの舞台に登場する必要がなくなるのです。

ですから、これからは、**嫌な人があなたの目の前に登場したら「欠片の法則」を思い出し、相手と同じ要素がひとしずくまだ残像としてあることを受け容れ、心で手を合わせ感謝しましょう。**

成就の人はストレスを最低限に、心的・肉体的・時間的エネルギーを上手に節約できる人です。

所有物などなにもない。命も物もすべては一時的な預かりもの

ありがとうございます。
ありがとうございます。
今、与えられているものすべて、この命さえも、
お預かりしているものでございます。
失ったところで、奪われたところで、
何の不満がありましょうか。

まだ失いもせず、奪われてもいない今、

どうしてこれほど心は心配し、苦悩するのでしょうか。

それは、無知によるものです。

それは、所有物などなにもない、というただの事実を知らなかったからです。

物理的に大事なものを守ろうとすることはもちろん悪いことではありません。

が、それ以上に大切なことは、あなたが心穏やかにあり、本来の自分、真我《しんが》の魂、崇高《すうこう》なる光を守ることです。

心が執着で苦しくなったとき、命さえ自分の持ち物ではないということを思い出せたら、どれほどらくになるか、自己観察してみてください。

喜怒哀楽はあってもいい。イライラも悲しみも自然なものだから

喜怒哀楽は、東西南北や春夏秋冬のように自然なもの。

人間の好み（人それぞれの感覚）によってポジティヴ、ネガティヴに振り分けられているようだけれども、さまざまな感情が生すること自体は、元来、自然なことで、問題ではないのです。

ですから「心のなかで感情的になる自分」を責めている人は、まずその苦悩から解放してあげましょう。感情が微動だにしないのが、不動心でも立派なあり方でもないのですから。

感情が自然なものだとはいえ感情を表に出してよいかどうかは別の問題。感情の制御は人間の品格なのです

感情が自然なものとはいえ、感情のまま他者へ怒りをぶちまけたり塞ぎ込んだりしてはいけません。それは幸せの成就に役立たないからです。

序章で、私たちは自分という馬車の馬であり同時に馬を操る御者である、と書きました。感情的なときというのは、馬が何かの刺激で暴れ出した状態なのです。感情的な言動をするとその場はスカッとするかもしれませんが、それは人を傷つけ、自らを堕落、破滅へと導く悪行です。深呼吸とともにぐっとこらえる「お作法」「品格」を身につけましょう。

生きることには、不安や恐れはつきもの。打ち勝とうとせず行動にベクトルを向けよう

生きることには、不安や悩みはつきものなのかもしれません。

それをなくそう、それに打ち勝たねば、と考えるから苦しいのです。

つらさをおさめようと、はからえばはからうほど、つらさは増します。

この悪循環を精神心理療法の森田療法では「精神交互作用」といいます。

大自然に打ち勝つことができないように、**「気分を制する」を目的とするのではなく、「行動する」が目的**であることを思い出しましょう。

つらさはお尻のポケットに突っ込んだまま、生産的に、目的的に行動をしましょう。

つらくて身動きがとれないときは「せめてできること」を「できるぶんだけ」すればいい

自分に課す理想が高い人は、完璧主義傾向であることが多く、オール・オア・ナッシング（ゼロか百か）で考えがちです。そのため思考も身体もまるでロックされてしまったかのように、動けなくて困ることがあります。あるいは、落ち込んだりしたときも、動けなくなるかもしれません。

そんなときは、見事にことをこなそうとせず（むしろその考え方がマズいのだと思い直して）、「せめてできることは何か」考え、書き出すなどして「できることをできるぶんだけ」やってみてください。

魔法の言葉「こんなもん」

自分だけができていないような気がしたり、もっとうまくできたはず、と思い悩んだりすることが多いなら、「思想の矛盾」のなせる業《わざ》。

これくらいできたらいいな、とか、この程度はうまくやるべき、という「理想自我」と、実際はこの程度という「現実自我」のギャップが大きいことを「思想の矛盾」といいます（森田療法）。

そんなときは、「こんなもん、こんなもん」と言葉がけしましょう。それによって理想自我の「過剰な要求」「不自然なまでに過ぎる理想」をゆるやかに下げることができます。

つらい人生も、ハッピーな人生も創り出しているのは自分自身

元来、つらいものごとや、苦しみを与える人がいるわけではないのです。つらいとか苦しいと思える事柄は、実際には単なる事象としての事実なのであり、**つらい、苦しい（好き嫌い）と感じ、分別する「この自分」「この心」つまり「自我」こそが、苦悩を創り出しているのです。**

つらい人生もハッピーな人生も、創り出しているのは自分自身。

そうした知識を心に種蒔きし、習慣づけて育て、充実満足な人生を創り出していく。いま、そんな毎日を生きていることを喜び、褒め称《たた》え、感謝しましょう。

心身快適でいることは
当然のことと理解して
不快に動かされてください。
不快が癒され方を知っているからです

どんなに成功しても
どんなに富を得ても
どんなに愛を手に入れても

心を病んでしまっては
身体を病んでしまっては

それをエンジョイすることができません。

幸せとは、心身が、健全で快適であってこそのもの。だから、心身が健全・快適であることは大前提。基本中の基本に据えてください。

そして、日常から深呼吸し、不快に気づき、不快に動かされてくださ い。不快が癒され方を知っているからです。

●身体の内側に意識を向け、深呼吸を5回繰り返してください。

●眼精疲労があれば両眼をぎゅうと閉じたくなります。

●肩や首がこっていれば自然と回したくなります。

それが、不快に癒されるということ。自然治癒力、自己回復力です。

一日数回、1、2分の深呼吸で、内側なる感覚に動かされてください。

身体も心も魂も、常に健全な状態へ向かっているところです。

「涙」こそ、最上級の、自然治癒力

沈んだ気分をハイにしてくれる薬があります。
気持ちを安定させてくれる薬も、あります。
けれども、
「涙を流させてくれる薬」はありません。

涙することは、最上級の癒しです。

決して泣いてはいけない、
泣いたら負け、

泣いたら自分は弱くなる、
そんなふうに教えこまれてきたならば、
今こそ、その呪縛から放たれるとき。
自然な治癒力はいつもあなたの味方。
その力、その流れを、抑えつけず、閉じ込めず、
純な涙がこみあげてきたなら、抑えずに
溢《あふ》れるままに流してあげてください。

人はみな「神の力」の通り道。人はみな「神の力」を表す道具

力んで祈らないで、ゆるんで祈ってください。

通り道である「あなた」がガチガチだと、祈りが通らないだけでなく、神の力を招き通すことができないからです。

また、頭が絶えず高速回転しているなら、ゆるめるようにしてください。縄跳びの縄があまりに高速で回っていたら、入りようがありませんよね。神の力を高速スピンで撥《は》ねのけてしまわないように、いつもゆるんで神の働きを通してください。いつもご機嫌で喜んでいるとは、そういうことでもあるのです。

過度な謙虚さは力を覆ってしまう罪な在り方でさえあります

真の自分（真我）で思いきり輝き、世のため人のためになることを望みつつ、心で恐れている場合、謙虚さの仮面をかぶって、成就を先延ばしにしていることがあります。たとえばドクターやパイロットが過度に謙虚すぎてはこちらが心細くなりますよね。つまり、あなたが役になりきるのは人のためであり、社会貢献であるのです。「なりきる」とは、使命や役割を果たしきること。謙虚さを装い、不安や責任を回避しているのではないか、と自問し、思いきりお役目になりきってください。

一喜一憂しないこと。心の針を振れさせないためです

アナログの計測器で、扇形のメーターの針が左右に振れるのを見たことがありませんか。心の針もちょうど同じように常に振れ続けています。感情の乱れ、思考の揺れなどによって、敏感に動きます。

心の針は、目には見えませんが、自覚することのできない脳神経細胞の電気信号レベルの微振動にもその都度反応し、振れ続けています。針の振れは、気持ちの向きや心の乱れも表しています。

そこで、「現実はいつでも、一時的な通過点としての現象に過ぎない」と考え、一喜一憂しないよう、心を平静に保つようにしましょう。

細長い丁寧な深呼吸を、日常で心がけるとよいでしょう。

とくに注意すべきは、**喜怒哀楽のうちのネガティヴ感情にさえ振り回されなければよいのではなく、ポジティヴ感情でも針は大幅に振れるこ**とを覚えておきましょう。調子の良いときに限って痛い目に遭うことがあるのは喜びの感情でも心の針が激しく乱れる証拠です。

嬉しいときこそ、光栄です、おかげさまです、という感謝の気持ちを先行させ、心を制し、決して舞い上がることのないよう心を大地に根付かせておきましょう。ウハウハと舞い上がったり、有頂天になったり、人を見下したりしないよう、心という馬車馬が暴れ出さないよう手綱《たづな》を握っておくのです。

こうした意識の訓練を通して、あなたはあなたの人生をコントロールできるようになっていくのです。

人間は、くりんくりん、回転し続ける球体

自分が人の形をした透明の風船で、中身は何もない、真空・無重力であると想像してください。

その「空間」の中心、鳩尾《みぞおち》の上あたりにピンポン玉かビー玉くらいの球体が浮いています。そこは無重力ですから、その球体は回転しながら浮かんでいます。とても繊細なので、微細な振動や外部からの音や刺激、自分の心の小さな揺れや反応に、完全に、そして自動的に直結・連動しているので、浮かんだ状態のまま、くりんくりんと予測不可能な回転をし続けています（キーホルダーなどにあるボール形の方位磁石を想像す

リズ山﨑『成就の法則』
読者プレゼント！

この度は、リズ山﨑の『成就の法則』をご購入くださり、ありがとうございました。リズ山﨑の Official 無料メールマガジンにご登録いただくと、特別５大プレゼントをお受け取りいただけます。今すぐ登録してね♪

特典１ 成就の法則レッスン動画（お金編）

特典２ 成就の法則レッスン動画（人間関係編）

特典３ 成就の法則レッスン動画（自分を変える編）

特典４ 幻のアファメーションPDF

特典５ 瞑想のコツ音声動画

リズ山﨑のOfficial無料メールマガジン

メルマガ登録QRコード

るとよいかもしれません）。

瞑想で「心が止滅した状態を保持する」というのが、ちょうどこの球体を少しもくりんくりんさせないよう定めることに相当します。平常心・不動心を備えることでもあります。これが真の意味での意識の訓練の目的です。**この集中力・制御力が、成就の道に向かうエネルギーとなり、あなたは現実を意のままにすることができるようになります。**

前項の針のイメージが平面的であるのに対して、球体は空中に浮かんでいるイメージです。

その球体の微細《びさい》で繊細な性質を知り、心と行いをよきことに向け続け、なりたい自分、目指す未来に意識を据《す》えておく。光を見つめ、光だけに向かう、そのように心得て、中心の球をくりんくりんさせないようにしておいてください。

困ることなど何もない。困る心が先にあるから困ることは起きるのです

「困ることなど何もない」と心に刻もう。

困ることが起きたから、心が困っている、普通そう思うかしれませんが、この常識は、まったく真逆でございます。

困る心が、困る現実を創り出しているのでございます。指揮者も船長もあなたなのですから。

どんなとき、どんなふうに、「困ろうとしている脳内習慣」があるか自己リサーチで気づいてみよう。

気づいたら、これからは「そこ困るところじゃないよ！」と自分に言葉がけしよう。

困る習慣のない心には、困ることは起こらないものです。

同様に、苦手、わからない、難しい、どうしよ〜！　と思うと、脳はまったくそのように働き、結果うまくできません。

そのかわりに、すでに知っていたようなつもりになって、「ん？　どれどれ？」「ん？　今度はなに？」などのセルフトークを習慣づけてください（「どれどれの魔法」と呼ばれるほど効果的！）。

この訓練を通してあなたは潜在脳力の柔軟性、無限性を実感するでしょう。

楽しみに訓練を重ねてくださいね。

決して「勝敗」を決めつけないこと。「勝利者」であるために

ゲームやスポーツで、出だし好調だと「勝てそう」と気をよくするものです。が、その気持ちを制して「勝負はまだこれから」と心を引き締めてください。なぜなら、勝ったも同然と思ったときエネルギーが（先述の心の針やくりんくりんくりんしている球体が）急転し、負けの方角に舵が向けられてしまうからです。

その逆に、早々に出鼻をくじかれたとしても、意に介さず「勝負はまだはじまったばかり」と思い、気を取り直してください。

また、ゲームの終盤で劣位であっても、もうダメだ、などと思っては

いけません。「勝負はまだ終わっていない」と考え直し、動じず勝つつもりで任務遂行に徹してください。

心の針、エネルギー、脳内の振動が瞬時に変わり、その結果、後続する展開も当然変わってくるものです。ですから、決して結果を決めつけたり、ジャッジしたりしないようにしましょう。

そうした瞬間にこそ「魔が忍び込む隙・気のたるみ」が作られてしまうからです。**一旦プレイしたら、勝敗の結末を見通したり決めつけたりするのは自分の仕事ではないと心得ておきましょう。それほどに瞬時瞬時が分岐路の枝分かれなのです。**

ゲームやスポーツのみならず一日一日を大切に勝利へと導きましょう。

永遠に成就できないその理由！宇宙の力の性質を知ってバカみたいに「発注」しよう

弓矢を射るとき「的の中心」をターゲットにして矢を放つものです。

願望成就の弓矢も同じ「なりたい」をターゲットにする必要があることはおわかりでしょう。が、しかし、起きてほしくないこと、心配事、懸念事ばかり思考し口にしている人が多く、それでは「的の外側」に向けて矢を射っているわけですから、願いは叶いません。これは当然の思考の法則です。

だから、**「どうなりたくないか」ではなく、「どうなりたいか」を思考**

し想像し言葉にしてください。つまり「願望」と「行動」のターゲットを一致させるよう徹底的に意識を覚まして習慣づけるのです。

宇宙は、潜在意識は、引き寄せの源は、単純すぎるほど単純なので、人間の言葉や思いの裏を察することができません。だから、心配事を想像してしまうと、それがピクチャライズされて「これちょうだい」と発注していることになるのです。たとえば、「借金で苦労したくない」と思うと「借金」&「苦労」が、自動的に発注され、届けられてしまうのです。

だから「どうなりたくない」ではなく「どうなりたいか」イメージできる言葉を使い、「思考」を徹底的に制する訓練をするのです。

宇宙からの応えは常に「Yes，OK」なのです。

ですから、ただただどうなりたいのか、なったら最高なのか、バカみたいに思い続けて、先に喜ぶ訓練をしてください（心配は知能があってこそできることなので、あえて「バカみたいに」と書きましたよ）。

「我・汝・神」三位一体の法則

「我《われ》・汝《なんじ》・神《かみ》」三位一体の法則とは、私が提唱する成就のメソッドのなかでも主軸となる考え方です。

●**我**＝「私」「自分」のこと

●**汝**＝「相手」、そして自分以外の「人様」「他のすべて」のこと

●**神**＝「神」「創造主」「神聖なる力」「ハイヤーパワー」などのこと

自分を愛するように、相手を、人様を愛し、神様を愛する。正三角形の法則ですから、**一辺が伸びれば、あとの二辺も伸び、一辺が縮めば、**

あとの二辺も縮むようにできています。

たとえば、「神様には素直になるけど、あんな奴に素直になるものか！」ということはできない。人を卑《いや》しめるなら神様のことも自分のことも卑下することに、自動的になってしまいます。正三角形の法則ですから。

また、神様や人様のことは大切にするけれど、「こんな自分など」と自分を**蔑《ないがし》ろ**にするならば、やはり自動的に神様、人様を蔑ろにすることになる。

ですから、相手や他人様のことを、そしてもちろん自分様のことも、神様同様に愛し、敬い、親切に大切に接するよう、細心の注意をはらうのです。

神様にだけ**媚《こび》を売る**、なんて、都合のよいことはできないようになっている。

これが「我・汝・神」三位一体、正三角形の法則です。

「不盗」の真の意味を見つめ懺悔と戒めの心で歩みだす成就の人生

「不盗」。盗むな、とは、あまりにも当たり前の法律・戒律であります。が、遅刻して人を待たせ、人様の時間を奪っていないでしょうか。

人の話を最後まで聞かず話し始めることはありませんか。

相手の言葉のもどかしさを手助けするつもりで話した結果、相手の話を横取りすることはないでしょうか。

話そうとする意欲や、相手が年少者の場合にはコミュニケーション能力を育てるチャンスを盗んでいる、と言えるかもしれません。

また、誰かを苦悩から救ってあげたい一心で、助けているつもりでも、それは、相手が苦労することを通して成長しようとしているそのチャンスを奪っていることになるかもしれません。

人の宿題やテストを代わりにしてあげることはいけないことです。良かれと思う行いも、盗みに数えられているとしたらどうでしょう。

西洋の宗教では「人は生まれながらに罪がある」と言われ、東洋の宗教では「因果応報（カルマ）がある」と言われます。いずれも、それらを懺悔《ざんげ》し信仰や精神修養で浄め、日常の心や行いを自らを正し改め続けていくよう、教えられています。

「不盗」の真の意味を百万通りの角度から見つめ、自らを宇宙の力の通り道にふさわしく、クリアに保つよう修練しましょう。

「不殺」の真の意味を見つめ
気高く磨かれた成就の人生へと誘《いざな》われる

旧約聖書の十戒でも、古代インド哲学や仏教の経典でも、「不殺《ふさつ》」すなわち、殺してはならないという禁戒《きんかい》があります。その後、近代的な法律でももちろん「殺害」は重罪とされています。

文字通りに読むならば、「殺してはならない」などという戒律は、あまりにも自分とかけ離れている、無縁なものだと思えるでしょう。が、しかし…、

「不殺」とはもともと「非暴力」と同義でありまして、

●けっして傷つけるな、けっして痛めつけるな

- すべてのものを、そして自分自身をも
- 実際の行いのみならず、言葉においても、心においても

というのが、ほんとうの意味なのであります。

これは、「しないほうがいいよ」というレベルではなく、「してはならない」と禁じる戒《いまし》めでありますから、これを日々犯しておきながら、神がかった力を授かりたい、通したい、というのはムシのよすぎるお話ではないでしょうか。

本来、**人はみな神の力の通り道・パイプですから、その媒体である自分の心身はいつも磨かれ、透き通っている必要がある**のです。日々汚れて、汚れを落とすことに明け暮れる毎日から脱して、日々磨かれ、崇高なる、聖なる力の通り道として、人に喜ばれ社会に役立つ豊かな人生を送りましょう。

ありがとう、と手を合わせる
おせわさま、と手を合わせる
おかげさま、と手を合わせる

絶えず絶えず、「お世話さまです。おかげさまです。ありがとう」と感謝感謝感謝。

できる限りたくさん言葉にします。

実際に手は合わさずとも、心のなかで手を合わせます。

言葉に心を伴わせるためにです。

教えを口先でやってても効果がないからです。

どこへ行っても、誰に対しても、まずは「お世話になります」のご挨拶。終われば「お世話様でした」。よかったときには「おかげさま」。一日百回「ありがとう」。

その心をもって身体につなげる、表現する、デフォルトのあり方とする。心と身体をつなげない限り、思いを現実化することはできません。なぜなら、思いは単なる思い、現実は皮膚の外にあるから。表現する力は、思いを皮膚の外に運び出す力となるからです。

このひと手間、ワンアクションが成就の人の秘訣といってもよいでしょう（これは当たり前すぎることなので、実際はひと手間でもワンアクションでもないのですがね）。

地球人はいつも、「痛み」から学ぶ。
もし、人々が喜びから学ぶことができたら、
人類は破滅を免れることができよう

20年ほど前、カリフォルニアのビーチで瞑想していたとき、降りてきた（思い浮かんだ）「言葉」を紹介して本編を閉じたいと思います。

These people are always learning from pain.
If people start learning from joy instead of pain.
There is no destruction.

地球の人たちはいつも痛みから学んでいる
もし人々が痛みからではなく喜びから学びはじめるなら
地球に破滅がもたらされることはないであろう

人類は色々な規模で成長を遂げてきています。けれども、未だに痛い思いを通してしか学ぶことができません。じゅうぶん痛い思いをしているのに未だ戦争はなくなりません。その意味で人類は精神的に未成熟と言えるでしょう。

もし、私たち一人ひとりがこの意味を深く考え、喜びや与えられている恩恵から学ぶことに目覚めるなら、神は、宇宙意識は、私たち地球人に痛い思いや破壊的な経験をさせてまで忠告する必要がなくなるのでしょう。

だから、今ある喜びに目を向けたくさん感謝し、あらゆる人、ものを褒め称え、喜びから学ばせていただく、それを地球の常識にしていきたいのです。

それが、わたくしたち一人ひとりの幸福のためでもあり、人類の未来のためにわたくしたち一人ひとりができることだと、わたくしはそう解釈するのです。

解説編

あなたと
あなたの人生を
「成就」で満たす
解説

ここからは「解説編」です。本編では、成就に関する法則的なこと、成就の人になるために必要な、精神心理的な改善の勧め、行動実践の提案等をしてきました。

読むだけで、心にすっと染み込んで、人生がどんどん変わっていく人がいる、その一方で、なかなか成就の人になりにくいケースもあります。

そこで、ここからは、成就を妨げる要因や、本編をより深く理解するための解説をしていきたいと思います。リズ山﨑の30年以上にわたる経験から、精神的な視点と心理学的視点、また行動学的視点と経験的な視点を、織り交ぜた解説をしていきます。

よく理解し、納得することで、力は動き出します。

楽しく読み進めて実践していってください。

平常心、不動心を手に入れる

平常心、不動心を手に入れて心の軸の確かな自分になりたい、と望む人は多いことでしょう。が、これらは、ぴたっと固まって止まるものではありません。むしろ、ずっとゆらいでいる。そのゆらぎを、ゆらぎのままにできる心、といいましょうか。

たとえば、心が動揺する出来事があれば、心は揺れ動く。これは自然なことです。「不安も緊張もない強い自分になりたい」と言われますが、不安にもならず緊張もしないとしたら、むしろ不自然なことなのです。

クラシックバレエのレッスンをしていたころのこと。バレエではつまさき立ちで、両手を上げ、静止するポーズがあるのですが、これがなかなか難しい。止めようとすればするほど、ぐらぐら動いてしまって止まらない。あるとき、どうにかカチッと一直線に身体を固めようと力んでいると、先生がおっしゃいました。

「リズさん、止めようとするから止まらないのよ、上下に伸び続けるイメージで」と教えてくださいました。その通りにしてみたところ、あら不思議、ぴたっと身体は止まったのです。でも、身体の内側では伸び続けていた、つまり動き続けていたわけです。

動き続けるから止められる、というパラドクスは、感情の揺れも同じで、なくそう、止めよう、とすればするほど、むしろ強く感じるものです。だから、その動きと一緒に動き、揺れと一緒に揺れていたらよいのです。これがよく言われるところの「あるがまま」「ありのまま」ということです。

感情の揺れは、緊張や心拍と同じで、ピークがあれば自然とおさまる。おさめようとする、その反動から、あるいは余計に気にしてしまうことから、さらに緊張したり気になったりして悪循環に陥るのです。

日常での心の揺れや感情の乱れを、深呼吸しながら大きな気持ちで「眺《なが》める」「傍《ぼう》観《かん》する」ようにしましょう。乱れているなら、乱れているなぁと認めながらやりすごせばよいのです。感情に圧倒されたり、感情にふりまわされて乱暴な行動や表現をしないようにするコツ、整った心の軸を保つコツは、このように、心に合わせてダンスするように、しなやかに動き続けるということです。

思考のクセ「でもの壁」はこうして出来上がる

本編「でもの壁」で述べたように、私たちはブレーキとアクセルを一緒に踏んだり、常に小刻みにアクセルとブレーキをかけたりしています。その傾向は「脳」の自動パターン。クセのようなものなのです。ですから、そこを変えていく必要があります。

柔軟で自在な心と身体があれば、人生をいかようにも創り出すことはできるのです。であるなら、今日からはもう、消極的でネガティヴな思考グセをやめましょう。それは「成就へとステップアップする自分の邪魔」になるからです！

私たちの思考には矛盾があって、〈したい〉と欲望する理想自我に対して、思うようにはいかない自然な〈現実自我〉があり、ときに現実自我は都合のよい逃げ口上やできない理由を持ち出してくるものです。

それはまるで、心配性の親のように「やめておいたほうがいいんじゃない？」と言わんばかりに…。

「あの人は、特別だからできるのであって、あなたには無理なのよ。頑張ってもダメだったらどうするの？　あなたは特別ではないのだから、無謀なことは考えないほうがよいのよ」と、そんなふうにあなたの希望の芽を摘んでしまうのです。

もしあなたに「あの人にはできても、自分には無理」という思いがあるとしたら、その思いは、いつか誰かに言われ続けていた外的な言葉（多くの場合は親からの言葉）ではないでしょうか？

その言葉がいつしか内在化し、「したい」という純粋な欲望に対して「でも…」という第二の心の声となる。これが「でもの壁」。脳内の思考グセです。その結果、行動が制限され、「やっぱりしない」「やっぱりできない」という答えを出してしまうわけです。

成就のステップ1と2の間にあるもの

〈したい〉という願望があるのに、次のステップ〈しよう〉へ進めない部分を、「でもの壁」と説明してきました。ステップ1と2の間にある阻害要素をまとめると次のようになります。

- **対象への査定（それは難しい・誰もやったことがない　など）**
- **自己への査定（私にはそんな能力はない・私にはふさわしくない　など）**
- **他者から想定される制約（反対される・笑われる　など）**
- **環境から想定される制約（お金がない・時間がない・今の職場では無理　など）**

大きく分けるとこのようになると思います。

ちなみに、「想定される制約」とは、たとえば「反対されるに違いない」「お金がないから無理」など、本人が勝手にそう思いこんでしまっている縛《しば》りのことです。

引き寄せの法則でも「決めれば動きだす」とか「宣言すると引き寄せられる」などとよく言われますが、ステップ1からステップ2へ繰り上がれないのですから、起こりようがありません。

ですから、いかに自分の思考グセに気づきながら、新しい思考パターンへと変えていくかがすべてといっても過言ではなく、成就の人になるための鍵と言えましょう！

「思い・即・行動」について

「でもの壁」が観察できるようになると、大した理由なく脳の習慣として、やめる選択をしている自分に気づくでしょうから、今度は「ただする」練習をしてください。

行動を止めてしまう要因として、シンプルに恐れや不安があげられます。

心理学的には子ども時代、親が厳しく、心配性で非支援的だった場合「できなかったらどうするの」「失敗しても知りませんからね！」などと言われて育てられることが多く、そのような親の声がいつしか内在化され、自分の心の声になってしまう。

それで、〈したい〉に対して、即座に心の声（かつての否定的な親の声）が「やめとけ」とつぶやき、「はい、そのアイデア却下！」とバッサリ切られてしまう。なので、〈したい〉から〈しよう〉へ発展することがない。なので当然、その先の〈します〉〈しています〉のステップに繰り上がることもない。つまり成就できないということになるのです。そんな脳内習慣が自動パターンになっているなんて、いやですよね。

事が万事に波及しますので、小さなことでよいのです。

日常で自分に「善は急げ、で即・行動！」と言葉がけをして、小さな欲望にブレーキをかける習慣から、じゃんじゃん叶えてあげる習慣に変えてあげていきましょう。

ほんとうに些細《ささい》なところでブレーキをかけていることに気づくことと思います。が、これがよくいわれる「心のブロック」なのです。**この習慣づけの意識こそ心のブロックを外す、脳神経レベルのトレーニングになります**ので、まずは些細なブレーキに気づいて、即・行動の練習をしてみてくださいね。

「したい」と思っても、すぐに「まあいいか」とか「今じゃなくてもいいじゃない」とか「もったいない」とか、それぞれいろんな却下理由が挙がってくるでしょうから、それよりもただする練習をして、「でもの壁」を打破してくださいね。

「ひらめき」に動かされる

ここでのポイントアドバイスは、「意味などなくてよい」ということ。

ブレーキの心は、怖がりなくせに「それにどんな意味があるの？」などと生意気なことを言ってあなたを惑わせてくるものです。だから、そんなときは「意味なんかなくていい」「したいからする」「善は急げで即・行動」とニコニコしながら練習してください。

そうして練習をしていると「ひらめき」を感じ取ることができるようになります。

あなたが、情熱を傾けていることがらについて直感的なインスピレーションを感じることができても、いつものブレーキにかき消されてしまっては、無限の力を利用することができません。ブレーキの傾向は脳内の自動パターンですから、そこを変えていく習慣をつける練習は必須なのです。

「ひらめき」の延長線上に「霊力」がある

潜在意識からのメッセージや霊力といわれる力は、「ひらめき」の延長線上に位置しています。その場所からあなたの要望にたえず応えてくれています。その場所とは、潜在意識の領域ともいえますし、ハイヤーエリア（崇高なる領域）ともいえます。未開だった脳が覚醒し始めて感知することのできる、新しい領域、とすることもできると思います。

いずれにしても、通常は「その領域」とつながっていません。が、「思い・即・行動」の練習を通して〈ひらめきを感じ、感じたら動くこと〉が習慣になってくると、わずかに開通した細い道から「その領域」とのつながりを広げていくこともできるようになります。

すべての「奥行き」を意識する

つながりを太くするには、〈時間・空間の奥行きを感知すること〉です。

見えたり聞こえたりする、いわゆる現実世界の、もっと奥を、見ようと注意を向ける、聞き取ろうと意識する、ということです。

見えないものを見ようとする、聞こえないものを聞こうとする、ということになるかもしれません。

この「奥行き感知の力」を人生で生かすには、注意する意識と素直な心が必要になりますから、続けて修練に励んでいきましょう。

小さなことから実感できるようになります

たとえば、部屋を出るとき、出がけにある物が「ふと目についた」。

このとき、その「ふと目につく感覚」を大切にする。

「今日は必要ない」と思っても、ここで直感に従って「いちおう持っていこう」と思い持っていくことにすると、あとで「持ってきてよかった！」という経験をする…。

これは空間の奥行きと意識的につながることができた結果のことです。

なにげなく聞こえた他人の言葉から、大きなインスピレーションを受け取ることができるようになるのも、音の周波数の奥行き領域とつながった結果です。

古くから「人の目は節穴」と言われています。また、イエス・キリストの「聞く耳のあるものは聞くがよい」との皮肉めいた表現、私は好きなのですが、私たちの目や耳は肝心なものを観ていない、聞いていない、受け取っていない。真実は、もしくは、もうひとつの深い意味は、もっと奥にあるのでしょう。

自己訓練は時間も場所も選ばない

これらのスキルは、わたくしリズ山﨑が開発した「成就のメソッド」（サラージ・メソッド）のなかから抜粋したもので相互作用を見込んで作られています。ですから、後述するスローモーションや音無しの行（P179）、前述の自己観察（P44）＋実況中継（P30）などの課題をしっかり実践なさってくださいね。

それから、私が提案している訓練のほとんどは、日常的にできることです。ですから、時間も場所も選びません。特定の人や条件が必要なわけではありませんし、もちろんお金もかかりません。**必要なのは「意識する力」です。**

この意識力がないと脳の覚醒はできません。脳を覚醒するということが、潜在脳力・神の力とつながって生きること、真の意味での成就の人生のはじまりなのです。

成就なされるほど、強く念じる、強く祈る、というのも「意識する力」の濃さのようなものです。その意味で「意識とはエネルギー」なのです。

私自身、「どう生きればよいのか」「魂の使命があるならそれは何か」と深く悩んだのを機に、30歳のころ、こうした能力を開発する人生に大きくシフトし、宇宙からのメッセージを受け取りはじめ現在に至っています。その全容は『神の力の使い方』（ビジネス社）に書きました。参考になる面白い本だと思うのでぜひ読んでみてください。

天才的プレーヤーやゴッドハンズが増えて当然の時代

天才的なプレーヤーやゴッドハンズと呼ばれるようなパフォーマーも最近ではどんどん増えているように見受けられます。

そのような人たちは、こうした訓練などせずに、実のところ見えざる聖なる力を使っているのかもしれませんし、公表はしておらずとも何らかの自己啓発や精神的な実践を修養してのことかもしれません。

こうした力やその学びについて「怪しい」と言っている人でも、私と二人きりになると大いに興味を示し、実のところかなりの神秘体験、霊的体験をしたことがあると告白してきたりします。いずれにしても、人はみな、幸せになりたいと思っていることは確かで、そのために、より素晴らしいアメイジングなパワーを得たい、使いたいと思っているのです。

だから、**こそこそ欲するより、両手を広げてはっきり訴求する姿勢は大切。**

「求めよ、さらば与えられん（新訳聖書）」。まったくその通りですね。

「感情免疫力」を高める

ストレスなく心身快適であることは健康でハッピーなことですが、その「身体・心・魂（気）」が平穏な状態が、神の力、崇高なる領域とつながることのできる周波数を生み、保持する条件なのです。そう思うと一石二鳥ですよね。だから「成長・癒し・成就」

は三位一体であるのです。

そこで感情コントロールのスキルを養っていきましょう。

喜怒哀楽はいずれも自然なものです。

東西南北、春夏秋冬のどれがポジティヴでどれがネガティヴかというのではないのと同じです。

ですから、感情そのものについては否定しようがないと諦めて、ねじ伏せようと努力するのは一旦やめましょう。感情コントロールできるようになるには、「感情は自然なもの」として受け容れることがベースにあってこそです。

感情受容力を高めるには、感情免疫力をつけることがいちばんの方法です。

感情免疫力とは、感情をしっかり味わう感情吟味《ぎんみ》力、感情を受容する力のことを指すリズ山﨑の造語です。この練習法は至ってシンプル。

●**自分の気持ちや感情、フィーリングをただ単に、よく感じ、よく味わう練習です。感情を吟味しよう、とすることが上達のコツです。**

●**自分の感情を味わいながら実況中継のように「あ、いま焦ってる」とか「悔しい」とか「不安だ」「緊張している」「嬉しい」「満足」など言語化して認めるようにし**

てください。

- **必要に応じて「だいじょうぶ、だいじょうぶ」と言葉がけしたり、胸を撫でたりして、みずからを安心させましょう。**

このようにして「感情免疫力」を高めていきます。

感情免疫力がないから、咄嗟《とっさ》に攻撃的になったり、逆に被害者的な言葉や態度で、相手を困らせる受動攻撃に出たりするのです。

感情的なストレスや人間関係のストレスがなければ、そのぶんのエネルギーを成就に向けられますし、無限の力の通り道としてクリアなパイプを保つことができます。

感情免疫力を高めて、無駄なストレスから解放され願いを叶えていきましょう！

「恐れ・不安」でチャンスを逃さないために

理想が目前にあるのに、みずからの恐れや不安に圧倒されてしまい、わかっていながらチャンスを逃してしまうことがあります。たとえばお金を使うとき罪悪感に襲われたり、愛が実る目前でみずから降りてしまったり、成功の目前までくるのになかなか成功できない、このほか日常の小さなことでも恐れが強くていつも消極的、などが挙げられます（感情免疫力を高めると改善されていきます）。

このタイプの人は、「そこは喜ぶところ」というときに不安がっています。つまり感じ方に誤りがあるのです。すると心は防衛規制を発動し、うまくいかないという結果を導いてしまいます。なぜなら、心は慣れ親しんでいる「不安」という心の状態を「安全」と捉えてしまうからです（成就できない多くの理由はここにあります）。

筋トレにハマっている人が、最後の力を振り絞り「おおお、最高！」と叫んだりします。サウナで水風呂に入る人も「気持ちいい」と言います。ジェットコースターを絶叫しながら楽しんでいる人もいますよね。

つまり、そういう人は「恐怖のドキドキ」と、「楽しいワクワク」の連続性がうまく利用されているのです。だから捉え方を変えてしまえばよいのです。闇雲《やみくも》に怖がりたがる心に、ドキドキしたら即「楽しい！　最高！」と声に出して、新感覚、真感覚を授けて、成就の感性に塗り替えましょう！

感情を乱暴な言動でぶちまけなければ、それでじゅうぶん

感情が自然なものだからといって、感情のまま他者へ怒りをぶちまけたり塞《ふさ》ぎ込んだりするのは、避けるよう、自分を訓練していく必要はもちろんあります。

「不殺（殺してはならない）」の禁戒のページ（P118）で、そのほんとうの意味合いについて次のように述べました。

●実際の行いのみならず、言葉においても、心においても、けっして自他を傷つけたり痛めつけたりしてはならない。と。

ところが、心のなかで「ちらり」と思うことさえない、というところまで成長するには、それ相応の修練と時間が必要となることでしょう。あるいは人間である以上、無理な話なのかもしれません。

いずれにしても、つい思っちゃう、つい言葉にしちゃう、つい態度や行いで示しちゃう、ということがある。そんなときは後悔することと思いますが、自分を激しく否定してしまうのも、それはそれで自分を痛めつけることになりますし、暴れ馬を力ず

くで抑えつけようとすれば余計に暴走してしまうことが予想されますから、賢明なやり方ではありません。では、どうしたらよいでしょう。

感情は自然な派生物として、認めることを土台にして、もし身体的な乱暴、言葉の暴力をしてしまう悪い癖があるなら、それは、感情に圧倒され、支配されている証拠ですから、自分の手綱をしっかり握るよう日々、修練していきましょう。

つまり内側で感情的になっても、外側に感情をぶちまけないよう自己訓練するのです。それほど難しいことではありません。感情的になったら、そこで、

- **ステップ1「口角を上げて深呼吸」**
- **ステップ2「腹を立ててるね」「無理もないよ」などと自分自身に共感**
- **ステップ3「だいじょうぶ、だいじょうぶ」と自分の心に言葉がけ。さらに深呼吸。感情をぶちまけない・感情表出を保留にする時間をとるか、その場から離れる。**

感情の制御は、人生をコントロールすることといっても過言ではありません。これがマスターできたら、人間関係もよりよくなり、自分自身も成長するので、一石三鳥

でとてもおトク。これが「成長・癒し・成就の三位一体」です。しかも、そのチャンスは日々ごろごろ転がっており、レッスン料も無料ですから、ありがたい限りです。

心のなかのイライラはOK

心ただしく、清らかでありたいと思いすぎても、理想と現実のギャップに苦しむことになります。

イライラや怒りも自然で当然ということだって大いにあります。たとえば、不当な扱いを受ければ腹が立つのは、健全な自尊心の持ち主ならば当然なことですし、いつまでも待たされたら痺《しび》れをきらして、イライラしはじめるのもごく一般的なことでしょう（そんなとき、実はみんなが「イライラしている未熟者は自分だけに違いない」と思っている、という心理を「多数の無知」といいます）。

話をもどしましょう。他者から不当な扱いを受けたときなどは、きちんと伝えたり、求めたりすることは、もちろんしてよいことだと思います（その言い方などについては、ここでは言及しませんが）。

とくにいつも穏やかであろうと心がけている人の場合、心のなかでイライラすることさえ悪いことだと思い、罪悪感をもったり、自分を責めてしまったりすることがあるのですが、「態度に出さなければ、それでよい」ということにしてください。

また、つい感情的に攻撃してしまうタイプの人も、とりあえず、皮膚の外へ運び出さなければ、まずはそれでよい、と及第点をつけてください。

自然な思いを抑えないほうがよいのでは、と思う場合は、「これはお作法なのだ」と思うことにしたらよろしいのです。

つまり、心のなかでも乱暴な言葉を使わないに越したことはない、けれども、乱暴な言葉を外に出さないのは、お作法だ、ということです。もちろん、表情や態度なども、非言語コミュニケーションですから「お作法、お作法」と言葉がけしてお稽古に励みましょう。

いずれにしても、にこにこ、上機嫌で、自分にやさしくいるよう心がけましょう！

「自分軸」で自分中心へシフトする

成就の力が弱い人は優しい性格で押しが弱いぶん「自分軸」も弱いことが多いです。これを鍛えるには、他者中心から自分中心へシフトしていく必要があります。これは利己的な自己チュウとは違いますから、安心して実践してください。いくつか例をあげておきます。

- 「なんでもいい」「どっちでもいい」と言わないで、自分の好みを伝えるなど、相手次第から自分次第へシフトしていく。
- 正しくやろうとするのはよいことですが、「確認」をしないと不安な場合は、自分の判断でやってみる割合を増やしていく。
- 仮にミスして咎《とが》められてもビクビク「叱られモード」にならないで、「〇〇の理由で〇〇しておきましたが、次回は気をつけます」とスパッと答え、気持ちを下げない。このときオドオドしていると相手に伝わって、かえって相手のイライラを引き出してしまうことがあるので先の感情免疫力のお稽古も併行する。

シンクロと波動の秘密

あなたが自分を愛し成就の習慣がついてくると、不思議なことにストレスもなくなってきます。たとえばあなたを苦しめていた職場の人が転勤になるなど、あなたの舞台の脇役や大道具がどんどん変わってくるのです。

この現象は、はじめ不思議な偶然に感じますが、これこそが、偶然ではなく「共時性」（シンクロニシティ）といわれる自然法則なのです。成就の人になり成就の世界で生きるということは、素敵なシンクロが日常茶飯事のデフォルトの世界で生きるということなのです。

これは、テレビやラジオと同じ原理。特定の周波数に合わせて電波を受信し、見たい番組が映るのとまったく同じです。

自分がご機嫌なときや心が感謝に満ちているときは、ご機嫌な人や出来事、さらに感謝したくなる経験を引き寄せます。逆にイライラ怒っていると、もっとイライラさせられるような人にあたってしまったり、嫌な出来事に遭遇してしまったりするわけです。目には見えない周波が放出されているからに他なりません。

歯車にたとえることもできます。自分の歯車のギザギザにぴったり噛み合う歯車と噛み合うようにできている。フィットしないものとは噛み合わない。だから**現実は自分の周波（周波数）に同調した世界**なのだということです。

そうした、周波はいずれにしても目に見えませんから、総じて「波動」と呼ばれているだけなのです。

でも、日常的に、たとえば和やかで楽しげな雰囲気や、ピリピリしている空気など、部屋に入った瞬間にわかるとか、ある人の近くに寄ると感じる、という経験はほとんどの人がしているはずです。

なにしろ、この世界のすべてのものは、微細に特有な振動（回転）をしている分子が組み合わさって塊となり形をなしています。同じように、私たち人間も固有の振動〈回転＝回転数・周波＝周波数〉を発している、つまりは「波的《なみてき》な」存在なわけです。

そして、一人ひとり、その時々、身体と心（感情や脳）と魂（気やエネルギー意識）が変化し続けて振動していて、その時々、その周波（波動・波長）と同質の、あるいは同調した周波をもったもの（人や現れ）を、現象として経験し続けているわけです。

つねに最高最善は至難の業、そこで…

常に最高最善の選択を自覚的に、意識的に行うのは不可能に近いです。

そもそも瞬間瞬間に数え切れないほど多くの、天文学的な数の枝分かれが存在するのですから、それらをすべて把握して、さらに取捨選択することなどできるはずがありません。

近年の脳科学の研究によれば、脳が1秒間に感受している情報量は11000ビットとも4000億ビットともいわれ、文字情報に換算すると1秒に単行本60万冊分の情報になるそうです。それだけの量の情報に、私たちはさらされ続けているのです。そんな膨大な情報から、幸運な人生、成就の人生の必要なチャンスやご縁や情報だけを意識的に取捨選択するなんて、不可能に決まっています。

しかし、それでは「人は無限の可能性」と言いつつ、「だけれども、それを自在に扱うことは不可能です」と結論づけることになり、立つ瀬がありません。

そこで登場するのが、先にも述べた「行き先（Destination）」をしっかり決めて設定しておくことなのです。そしてそれを日々忘れずにいること。**自分という乗り物は**

「どこ行きなのか」フロントガラスにしっかり行き先を掲《かか》げておくのです。

すると脳のなかの「毛様体賦活系《もうようたいふかつけい》」という情報を自動的に選択してくれる機能が働き、決めた行き先に関係のある情報のみを、私たちに届けてくれる、見せてくれる、聞かせてくれるのです（認知させてくれるということ）。

これは社会心理学で「カクテルパーティー効果」として知られるものです。

パーティー会場など騒々しいところで、ある二人が会話をしているとき、当然、お互いの声を認識し会話をしていますが、その二人の間にレコーダーを置いて会話を録音してみると、周りの人の声や咳払い、足音、食器のぶつかる音などが、そのとおりの音量で録音されてしまうため、二人の話し声は会話として聞き取れないほど他の音に埋もれてしまいます。電車のなかや人混みでの会話も同じですね。そんな環境でも「相手（対象）」からの情報（声）を優先的に選択的に拾ってくれるすごい脳力。これがカクテルパーティー効果です。

その脳の機能が「脳幹《のうかん》網様体賦活系」（Reticuler Activating System＝ＲＡＳ）という脳の中心部にある神経の束です（以下ＲＡＳ《ラス》と表記）。

そもそも、1秒間に受け取っている膨大な情報をそのまま、もろに受け取ると、コンピューターでもパンクしてしまうのだそうです。私たちの脳では、それを防ぐために、RASが自動的に取捨選択してくれて知覚領域に届いているわけです。

その自動選択のフィルターを通った後の情報を、私たちは「現実」として経験しているのです。

パーティー会場で会話したい人の声を選択的に優先的に、自分に理解できる情報として届けてもらうのと同じように、なりたい自分や、経験したい世界など、願望をセットしておくことで、それに関係する、必要な情報が自動的に潜在的にフィルタリングされて知覚・認識されるわけです。それって最高にありがたいこと。使い方を習慣づけない手はありませんよね！

経験は脳がフィルタリングした情報の世界

もう少し例をあげると、たとえば二人の人物が憧れの成功者に会ったとしましょう。その後、二人でその感想を述べ合うシーンで、一人は「すごい高級腕時計していたね」

と言い、もう一人は「さすが立居振る舞いにも言葉にも品格があった」と言うかもしれません。片方が見ていた高級腕時計はもう一人の目には映っていなかった。そして、もう一人に見えていた「立ち居振る舞い」はもう一人の目には入っていなかったことになります。同じ条件で同じ場面を経験したにもかかわらず、情報が無自覚に選択されていたのは、それぞれの価値観や欲望、目的に応じてのことなのです。

また、「そろそろ○○が欲しいなぁ」と思っていると、その「○○」を急に頻繁に見かけるようになります。その○○の数が急に増えたわけではなく、興味のあるものが脳に設定されたことで、脳は自動的にフィルタリングしてくれた。その結果、目につくようになったというわけです（この現象が「引き寄せ」とか「シンクロ」と呼ばれるものですね）。

ですから、絶対にお金持ちになろう・なるぞ、と決めたり、ぜったいよい結婚すると決めました、よろしくね、と**意志決定している人の脳は、そうなるのに必要な情報や人やチャンスやオファーやひらめきといった現実をことごとく経験できる**のです。

そうなるように人間は本来的に作られているだけですから、ほんとうは不思議でも何でもないのです。

未知なる能力は神の力

ＲＡＳにどのように働いてもらうか、私たちが定めるので、これも注意が必要です。人の悪口や欠点ばかり話し、考え、想像していると、関連情報ばかり届いてしまいます。心配して悪い想像ばかりしていれば、やはりネガティヴな情報や出来事を引き寄せます。人や世間に対しても、ステレオタイプで捉えていると、それがアンコンシャス・バイアス（無意識の偏見）となって、ＲＡＳを働かせてしまいます（たとえば、「これだから男は嫌だ」と思っていると、そういう嫌な男の人ばかりがやってくる、など）。

このように、自分に必要な情報や経験、人物が、あなたの意のままに、つまり思いの通りに次々現れるような人生こそ、「成就の人」の当たり前の日常なのです。

思い次第で、見える世界も経験も違ってくるということは、自分の世界が変わってくるということでもありますよね。**誰一人として同じ世界に生きていない**…ここに、世の中には幸せな人と不幸な人がいる秘密が隠されているのではないでしょうか。また、生きている間の世界は幻影に過ぎないと言われる所以《ゆえん》であるのかもしれません。

いまこうしている間にも、あなたが決めたように、あなたが設定したように世界は作られ続けているのです。私はこの本を通して、あなたにも素敵な引き寄せが当たり前の、成就の人になって最高人生を歩んでほしいのです。

魔が差す「魔」を魔法の「魔」に変える唯一の方法

「魔が差す」の魔は悪魔の魔力でもありますが、その一方で、「魔法」の魔でもあります。あなた自身が、どちらの「魔力」に差し入ってほしいのか決めておくことで、あなたの人生はとんでもない力によってあなたの「思いの通り」あなたの「決めた通り」に運ばれていきます。なぜなら、RASの自動フィルターにとってはその人の持続的な意志決定、すなわち信念（ビリーフ）こそが「ご主人様」であり「司令塔」だからです。

それならば、「魔法の魔」に大いに差し入っていただいて最高人生を成就していきたいですよね。

指揮者が指揮棒を振ったら、オーケストラが一斉に、その美しい音楽を奏でますよね。この指揮棒があなたの意図する力。意識であり、エネルギーであるのです。

この指揮棒こそが、あなたが持たされている「魔法の杖」。だから魔法の杖から手を離さないようにしておく必要があるのは当然ですよね。それは意識的に指揮棒を振って、振り続けて、自分という全細胞に、人生のステージ上のすべてに対して、絶えずどんな演奏をしてほしいのか意図して指揮しておくことなのです。

そうすれば、あなたの弱さや、ともすれば間違いやすい心に入り込む「悪魔の誘惑」を招きようがないのです。

そして徹底的に意図し続ける、その理由は、このように自分自身に「忘れさせないため」「思い続けさせるため」でもあるのです。

人間は「忘却」の存在ですから、あれほど心に誓ったこともすぐに忘れてしまいます。「願望成就」の本なんか読んだって、概《おおむ》ねその場限りの感動で終わってしまうものです。だから**覚え続けておく意識力を養うことが、成就の鍵。潜在脳力を発動させる根本的な力になるのです。**

力とはエネルギーであり、エネルギーは意思をもった意識、意図する力であり、宇宙の万物の源のエネルギーであり、目には見えないほど微細だけれどもそれは物質であるのです。

使命感をもって自己実現することと魂の使命を果たすこと

精神主義やスピリチュアルが好きでない人は、「魂の目的」という言葉は胡散臭《うさんくさ》く感じたりして、「使命感をもって自己実現する」という表現を好むのだと思います。

その一方、見えない世界や見えない力を感じ、信じている人たちは、社会的成功に罪悪感を抱くためか、あるいは虚無《きょむ》的に感じられるためか「成功したい」というよりも「魂の使命を果たしたい」という表現のほうが自然に自分の感覚を言い得ていると感じるようです。

しかし、どちらも同じなのです。

物事を見えない中心から見て捉えるのか、物事を外側から見て捉えるのか、ただそれだけの違いです。

「命」という有限な時間を制する

「人生、ほんとうにこのままでいいのか」

このように問いかけられる人が後悔のない、真の幸福を成就できるのだと思います。

その意味で、この本で私が問いかけたい、もう一つの大切な概念は「時間」です。

なぜなら、命あるものは必ず終わりを迎えるからです。

その現実を直視しないことには、自分の「生」を直視することはできません。

そして、自分の「生」に向き合う力こそ幸せを成就できる人の特徴なのです。

「人はみな無限の可能性」。その可能性をいかに、この「有限な時間のなかで成就させるか」、ここが最大のテーマ。時間を制する力こそ成就の人の特徴なのです。

「いつか」を待つのは、もうやめよう

多忙な現代人は何かするとき、つい「いつか時間ができたら」「いつか余裕ができたら」「いつか落ち着いたら」と考えてしまいます。

子ども時代、ぐずぐず迷う私に、父はよく言ったものでした。

「いつかは来ないよ!」と。

そう、神様はとうにＧｏサインを出しています。いつかは来ないよ、と仰《おっしゃ》っているのかもしれません。ですから、

・「いつかしたい」と思っていることがあるなら、さっそく一歩進めてみよう
・そのために時間を捻出する必要があるなら、「ほんとうはしたくないこと」をやめることでエネルギーを確保しよう（エネルギー＝心的・時間的・肉体体力的なエネルギーのこと）
・真面目な人ほど失敗を恐れ、前準備にキリがなくなりますから、自分自身に「いつかは来ないよ」「見切り発車くらいがちょうどよい」と言葉をかけて、生きているうちに果たしたい、本当はしたいことをさっそく成就することにしましょう！
・時間もお金も自分が使う価値があると思うなら信じて行動しよう。それが生き方につながるから

時短のための「時断力」

万物はエネルギー。時間も命もエネルギーです。成就を目指すあなたには浪費できる時間など一切ないと思ってください。

そこで断るための具体策をあげておきますので、とくに断り方がわからない人は役立ててください。

●**当然のように急な仕事を押し付けられて困る場合**

→「今から〇〇なので、その後でしたら」とか「今日は〇〇なのでもう出るところなのです。いついつでよいなら」と、今は無理でいつならOKと明確に伝える。

●**相手の愚痴話に長々と付き合わされる場合**

→「〇〇さん、私から電話しておいて悪いんだけど、このあと〇〇があるので一回切るね」と明るく爽やかに告げる。相手が間を空けず話し続けるタイプなら特にタイミングや話の途切れを待たずに、徐《おもむ》ろに切り出す。

→このあたりが「苦手」だという場合、むしろあなたが成就の人へと成長するために、旧来の弱みを「克服する必要」があり、そのためにそうした相手がいるのだと考えてみてください。つまり「断る力」こそ、あなたの成就に不可欠な要素だったりするのです。

●**ちょっとだけと心に決めて参加する飲み会でいつも遅くなり後悔するパターン**

→多忙で過密スケジュールの大社長か大スターになったつもりになってください。

脇で秘書かマネージャーがスケジュールブックを片手に控えていて、時間が来たら「お時間です」と言われる。それであなたは「あら残念だけど、これで失礼しますね」と席を立つ、そんなイメージ。

↓他の人を見下げる意図はまったくないが、あなたが「自分は成就の人になる」「願望や目標をぜったい達成するんだ」と思うなら、こっそりこれくらいの特別意識をもって自己管理できるようになりましょう。これは、意志と行動をつなぐ練習にほかなりません。

●先に帰るときの中座の心得

↓最後の「お会計（割り勘の額）」が気になる場合は、だいたいの額を計算して、少し多めのお札を隣の席の人にでも託して、席を立つようにすると良いでしょう（キャッシュレスの場合はあとから金額を連絡してもらう）。

↓また、立ちながら理由などを説明するとそこから長くなってしまうので、そろそろという頃合いを見計らって、必要ならあらかじめおトイレなど帰り支度を先に済ませて、潔《いさぎよ》くその場を後にする練習をするとよいでしょう。

↓上司や先輩がいて先に立ちにくいという場合でも、これはあなたの人権・人生に関わることですから、堂々と爽やかに遂行してください。すると、「あ、僕も」「私もそろそろ」と席を立つ人が出てきたりするものです（こうして慣習は変わっていくのです）。

●早く帰宅でき自由時間を確保したら、その時間を何に使うか決めておこう

↓今日は早く帰って○○しよう、と楽しみにすることがモチベーションになります。決めておかないと家でゴロゴロすることになりかねないので、ここも注意です。

成就の習慣に欠かせない「アファメーション」

アファメーションの簡単な定義とメリット

アファメーションとは「私は○○できる」「私は○○になった」のような肯定的フレーズを自分自身に繰り返して理想を現実化させる成就法です。

数多くの著名人も実践しているアファメーションは、潜在脳力を開花させ、目標を達成するためのパワフルなツールです。が、正しい知識と方法を用いないと効果がありません（それがアファメーションを絶賛する人とまったく評価しない人に分かれる理由だと思います）。そこで、成就のステップに即した5《ファイブ》ステップアファメーションを開発しました。

その理由は、アファメーションは通常「○○しています」「○○になりました」と現在進行形か完了形を使うよう推奨されるのですが、人によっては「実際にまだそうなっていない」と矛盾に対する思いが不信や抵抗となり、効果の妨げになることを発見したからでした。

1990年代初頭、ロサンゼルスに拠点をおいていたころ、受講生のひとりが「アファメーションのイメージと実際の現状にギャップがありすぎて受け容れられない」というようなことを言い出したのをきっかけに、成就のステップに沿って、

「私は○○になりたいと心から願っています」（願望）
「私は○○になると決めました」（決意）
「私は○○になります」（宣言）
「私は○○になっているところです」（実行・現在進行形）
「私は○○になりました」（成就・完了形）

と、言葉を繰り上げていく5《ファイブ》ステップアファメーションを開発したのです。30年以上も前のことです。

以下ステップアファメーションの具体例をあげておきます。

5《ファイブ》ステップアファメーションの例

例1…「幸せ」

「私は幸せになりたいと心から願っています」（願望）
「私は幸せになろうと決めました」（決意）
「私は幸せになります」（宣言）
「私は今、日々、幸せになっているところです」（実行）
「私は幸せになりました」（成就）

例2…「最高の転職」

「私は最高の転職を果たしたいと心底、熱望しています」（願望）

「私は最高の転職を自分自身にさせてあげると心に決めました」（決意）
「私は最高の転職をします！」（宣言）
「私は今、最高の転職のプロセスの最中にあります」（実行）
「私はありがたいことに最高の転職を果たすことができました」（成就）

例3：「運命のパートナーに出会う」

「私は心から運命のパートナーと出会いたいです」（願望）
「私は運命のパートナーと出会い、永遠に幸せになると決めました」（決意）
「私はなんとしても運命のパートナーと出会い、永遠に幸せになります」（宣言）
「私は運命のパートナーと出会い、幸せに生活しているところです」（実行）
「私は運命のパートナーと出会い、幸せな生活を手に入れました」（成就）

例4：「人生での使命を果たす」

「私は人生での使命を果たしたいと心から望んでいます」（願望）

「私は人生での使命を果たすと心に決めました」（決意）
「私は人生での使命を、ぜったいに果たしてみせます」（宣言）
「私は今、人生での使命を果たしている最中です」（実行）
「私は、ついに人生での使命を果たすことができました」（成就）

例5：「経済的に豊かになる」

「私は経済的に豊かになりたいと心底、欲しています」（願望）
「私は経済的な豊かさを手に入れると決めました」（決意）
「私は経済的豊かさを手に入れます」（宣言）
「私は経済的に豊かな人間になっているところです」（実行）
「私は経済的豊かさを手に入れることができました」（成就）

例6：「資産一億円」（具体的に数字を入れる例）

「私は資産一億円を所有したいと心から願っています」（願望）

「私は資産一億円を所有すると心に決めました」（決意）
「私は資産一億円を所有する人間になります（なってみせます）」（宣言）
「私は今、資産一億円の所有者になっているところです」（実行）
「私は、資産一億円の所有者となりました」（成就）

例7…「○○で成功する」

「私は○○で成功したいと心から熱望しています」（願望）
「私は○○で成功すると決心しました」（決意）
「私は○○で成功すると断言します」（宣言）
「私は○○で成功する道を歩んでいるところです」（実行）
「私は○○での成功を果たしました！」（成就）

POINT 1

各例では、少し言葉の使い方が違いますが、そのように多少のアレンジができるということで参考にして、ご自分の成就したい願望に当てはめて、ステップアファメーションを完成させてください。

POINT 2

例1では「幸せ」をテーマにしましたが、私のメソッドでの、とくにステップアファメーションでは、「幸せ」というような大きな抽象的なテーマより、例2以降のようにテーマを絞ったものをターゲットにするよう指導しています。

POINT 3

その理由は、「幸せ」という大きなテーマのなかにはいくつかの要素（カテゴリー）があり、そのカテゴリーごとに、潜在的な苦手意識（マインドブロック）が存在していることがあるからです。そのため、できるだけテーマを絞ったステップアファメーションを作り、スタンディングポイントを見出しポイントごとにステップアップしていく方法を推奨しています。

POINT 4

スタンディングポイントを見出すためにも、一度、すべてのステップアファメーションを書いてみるとよいでしょう。

次に、一つひとつのフレーズをよくイメージしながら3回ずつ繰り返します。すると、心に明るい喜びを感じるときと、どこか恐れや不安、ひっかかりを感じるときとに分かれる、と感じるかもしれません。そこがそれぞれのカテゴリー別のスタンディングポイント、ということになります。スタンディングポイントのステップに馴染んでいくようにポジティヴにアファメーションをしていくとよいでしょう。

アファメーションの基本ルール

リズ山﨑オリジナルの「アファメーション基本ルール」は次の3つのRです。

●1つ目のRは、リラックス（Relax）＝くつろいでいること

アファメーションは、リラックスしているとき、くつろいでいるときにおこなってください。就寝前や起床時、バスタイムはおすすめです。からだのリラックスだけではなくて、電車に揺られてるいるときや歩いているとき、洗い物をしているときも案外脳がくつろいでいます。

●2つ目のRはリピート（Repeat）＝繰り返すこと

アファメーションは繰り返すことで効果があります。複数のフレーズがあるときはひとつのフレーズを3回ずつくらい心を込めて（言葉の意味をよく意図して）繰り返します。

唱えるほか、書くのも集中でき、人によっては効果的です。

●3つ目のRはリアルに（Realistic）＝リアルに想像し感じる

ありありと生々しく現実かのように想像し感情を味わう、ということ。

そのためにできる限り具体的な想像ができるようリサーチ（Research。4つめのR）も必要な場合があります。

リアルにイメージができないとリアルなフィーリングが湧き起こってきません。このリアルなフィーリングと一緒にアファメーションするから脳に効くのです。

●アファメーション最後に

本書では、私が開発提唱している5《ファイブ》ステップアファメーションを紹介しました。

私のステップアファメーションは、実のところさらに進化を遂げ7ステップで現在完結しているのですが、本書では、成就の5《ファイブ》ステップに沿った5《ファイブ》ステップアファメーションを紹介しました。が、ステップを繰り上げること自体が、非常に画期的かつ効果的な世界でも類を見ない手法でありますから、先にあげた例文をもとに、あなたの自己実現に役立ててください。

ヴィジュアライゼーション法

アファメーションはリアルな想像とそれに伴うリアルな感覚が大切なので、心に思い描くスキル（ヴィジュアライゼーション）も必要になります。効果的な方法を習慣づけていきましょう。

バスや電車は一度、行き先を掲《かか》げたら、行き先が変更になることはほぼないでしょうが、人間の場合はそうではありません。ちょっとよそ見しているうちに、方角が変わってしまって「着いたところ」が全然違った、ということがあります。ですから、目的地がコロコロ変わらないように日々確認して、意識しておく必要もあります。

そのために、行き先をしっかり「脳」に心に、設定して、成就を見すえつつ「今」

すべきことに集中する、夢中になる、一生懸命になればいい、ということです。

「目的地をフロントガラスに掲げるイメージ」です。これがなされる脳の部位が「前頭前野」です（前頭葉は感情制御を司ったり未来を想像したりできる高度な脳の部分で、頭の前方にあります。額が突き出ているイルカは前頭前野が大きく発達しているといわれています）。

前頭葉にイメージする

現実を創造する、あるいは未来を創り出すために有効だとされているヴィジュアライゼーションですが、それは前頭葉に働きかけるものです。

●行き先をおでこのフロントガラスに貼り付けるつもりで「なりたい自分」「すでにそうなった自分」を創り出します（思い描きます）。そこにいるように、周りを見たり、聞こえる音に耳を澄ませたりして、よくよく実感してください。
レモンや梅干しを想像したら、唾液が出ますよね。私たちは実体験しなくても、体験したように心身は反応しますが、考えてみるとそれはすごく不思議でアメイジングなことです。ヴィジュアライゼーションとアファメーションで健康に良いホルモンを分泌させることができたら、病気さえ回復できそうですよね。

●なにしろ、もうなったところをヴィジュアライゼーションとアファメーションとを組み合わせて、脳に設定することで、RASは、アラジンの魔法のランプの如く働き始めて「成就脳」が完成するのです！

要注意！ ギリギリのところでうまくいかない理由

いよいよ願望実現する段階は「成就のステップ」でいうところの4段階目の〈しています（実行）〉と5段回目の〈しました（成就）〉にあたります。が、このとき、前述の通りハッピーなワクワクではなく、むしろ恐れや不安の感覚にドキドキさせられることがあります。これは誰にでも起こりうることで、また人によって感覚や強度も違います。

ここは、要注意ポイントなのですが、ようやくチャンス到来で、何かを決断し、いざ実行を目前にしたところで、そのドキドキの妙な不安感に耐えきれず、

「なんか違和感があるからやっぱりやめます」

「この違和感、やめろっていうメッセージに違いない。やっぱりやめておこう」と、Uターンすることを選択しちゃう人がいます。

この傾向は、特にスピリチュアル系の繊細な女性に多いです。

身に覚えのある方は、これからは、「違和感」=「やめたほうがいいというメッセージ」と捉えないようにしましょう（感情免疫力を高めるお稽古をよくおこなうようにしてくださいね）。

「休息」と「安静」は違う、「何もしない日」をつくる

本編で、看護師さんから「休養と安静とは違う」ことを教わったエピソードを書きました。

その後、日本を代表する精神療法「森田療法」に臨床心理を学び、学会認定の心理士の資格を取りました。森田療法は、明治時代に森田正馬が創始した、不安症、神経症、うつ病などを改善する治療法で、外来治療と入院治療があります（私は、外来治療の方法でカウンセリングにあたっていますが）。入院療法の場合は、特定の日数ずつ、段階的な治療メニューが決まっています。

その一番はじめが「絶対臥褥期《がじょくき》」という段階で、本もスマホもPCも、筆記用具さえも持ち込み禁止で、刺激（気晴らし）になるという理由から窓も少ししか開かない一人部屋で、「ただ寝て過ごす（臥褥する）」というものです（森田療法の入院治療は基本3か月で、絶対臥褥期から軽作業期、作業期、社会訓練期という流れです）。

はじめの絶対臥褥期が、まさに「なにもしてはいけない時期」ですね。気分はどうにもならないことを体感する時期といえます）。それを通して、より建設的な行動へと注意が向けられるようになります。

森田療法の絶対臥褥の目的とは違いますが、森田療法とユダヤ教の安息日からヒントを得て、私が提案しているのが「何もしてはいけない日を設けること」です。これは心身のエネルギーの回復には抜群の効果を発しますし、疾患の予防になることは間違いないと思います。

「何もしてはいけない日」の過ごし方

まずは1日やってみてください。自己観察もしてみてください。

・朝起きた状態のまま夜寝る時間までゴロゴロしているだけです。
・もちろんゲームもスマホも読書もなしです（連絡もＮＧ。必要なら最低限）。
・料理などの活動もしない（食べるため必要なら最低限）。
・断食する必要はありませんが、するなら白湯《さゆ》やだし汁で。
・家族に心配されたり怒られたりしそうな場合は、あらかじめそのつもりを伝えて協力してもらいましょう。

やってみるとわかるのですが、なにしろ何もせず横になっていると、今度はあれこれ考え始めます。その考えはたいてい「今度ああしよう、こうしよう」とか、「そういえば、あれ」などと、向上案や改善案など行動的欲望であることに気づきます。これこそが煩悩《ぼんのう》のもとである「我欲《がよく》」なわけです（善し悪しにかかわらず）。だから私は「頭のなかで善きことさえ考えることさえしてはいけない日」とルールを決めています。

現代社会は、足し算文化だと思うのです。たとえば、身体が痛かったらすぐ整体へ行くとか健康グッズを買うなど、プラスしていきますよね。

もちろんそれらが有効な場合もあると思いますが、私自身の経験では、この**何もしてはいけない日を設けてみると、身体が回復するだけでなく、心がリセットされてエネルギーが高まり、ひらめきややる気も高まります。**心にも時間にも「余裕」が生まれる感覚です。ぜひ、月一度くらい日を決めて、あるいは心身がそろそろ限界、と感じたら、試してみてください。

このとき、「何もしないでいること」に対して、怠けているようで、強い抵抗を感じる人は、真面目な方だと思いますが、勤勉であることに縛られている傾向があると思いますので、その際は、「何もしない、ということを、する日なのだ」と思うことにして、安心して実行してください。

瞑想「メディテーション」

「何もしない」ことで精気を養う、といえば、メディテーション（瞑想）が想像されますよね。

古代インドにはじまる瞑想は、心身をリラックスさせ、集中力を高め、ストレスを軽減する効果、スピリチュアルなインスピレーションを高める効果があります。また本来目指す目的は、先述のとおり、心からの幸せのため、解脱や悟りといった至高の境地になることで、習慣にしている著名人もとても多いです。

私の瞑想との出会いは、20代のころ。「ほんとうの自分とは」と悩んだのを機に、当時住んでいたロサンゼルスにある禅宗寺というお寺で行われていた朝の座禅会に参加したのがはじまりでした。同じ時期にYOGA《ヨーガ》もはじめました。YOGA《ヨーガ》や瞑想にすっかり魅了された私は、秘境の山寺での瞑想合宿に参加したり、ひとりで砂漠にテントを張っての断食キャンプをしたりしました。

その感覚たるや、大空と大地、地球まるごと、宇宙まるごと、と一体になる…、いや、それらすべてを包んでしまうほど拡張した感覚になる…それはそれは素晴らしい境地になるのでした。

ところが、あるとき考えました。穏やかな心、寛大な気持ち、全宇宙との一体感、など至高の感覚を、瞑想で体験できても、ひとたび実生活に帰れば、社会の騒音、人々の雑音に溺《おぼ》れていく。あの至福な瞑想状態はいずこへ。イライラしたり心配したり、泣いたり怒ったり…。そこで私は、次のような考えに至ったのです。

「瞑想道場で至福の瞑想状態を保持できるのは環境がよいのだから当然のこと、不安定でいつ何が起こるか予想のつかない日常で心を鎮め至福の状態で生きていけるようになることこそ瞑想の目指すべき目標なはずだ」と。

瞑想のはじめ方

①静かで薄暗い場を確保する（無理なら明るくてもよい）
②蓮華座《れんげざ》で座れたら座り、できなければ胡座《あぐら》でも椅子に座ってもよい
③背骨を伸ばし肩の力はゆるめる
④目を閉じるか半眼で、視線は前方一点に置き動かさない（一点集中）
⑤呼吸に意識を向け、細長く丁寧な呼吸を続ける
⑥考えが浮かんでも追いかけていかず、そっと意識を呼吸に戻す
⑦日課にする場合は朝なら朝、同じ時間帯がよい

（瞑想はＹＯＧＡの一部で、呼吸法、集中法などとワンセットなので、理想としてはＹＯＧＡの習練をされることをおすすめしますが、まずは日常で少しでも瞑想を取り入れてみましょう）

私のメソッドでは、**1分ずつタイマーを繰り返して、集中する練習から、徐々に時間を延ばしていく方法をとる場合もあります。**

その理由は、はじめから長く座って集中できなかった場合、ただ考えごとをしたり居眠りしたりなど、時間が無駄になってしまうからです。それに対して、数分区切りの瞑想なら、集中できなくてもまた仕切り直しができるというメリットがあります。やり直しているうちに、心が落ち着いてくる感覚を感じることができ、より早く上達ができるはずです。

Q…音楽はかけないほうがよいですか？

A…基本、音楽はかけないほうがよいです。が、無音でかえって集中できない場合は、歌のない環境音楽や波の音や小川のせせらぎなど自然音をはじめのうち流しても良いと思います。気持ちが静まり集中してきたら止めましょう。

Q…瞑想の姿勢を保つことが難しいのは筋力の問題ですか、それとも集中力の問題でしょうか。おすすめの方法はありますか？

A…たしかに身体を立てておくための起立筋（抗重力筋）が不足していると姿

勢は崩れてしまいます。が、筋力があっても意識を保てないと、姿勢は重力によって下がってしまいます。瞑想の準備運動といわれるＹＯＧＡは意識の訓練でもあるのでおすすめです。

「スローモーション・音無しの行《ぎょう》」で、動く瞑想を日常化

瞑想は日常に応用できてこそ意義があります。

スローモーションで、音を立てずに動くことを日常で行ってみてください。深呼吸とともに身体もゆるめつつ行うとより効果的です。

日常的にスローモーションが無理な場面では、指先、身体の末端（外界との接点）を意識しながらゆっくり丁寧に動けばよろしい。

動く、行う、生活する、生きる、これらは同義語ですから、これは、動く瞑想であると同時に、生きる瞑想なのであります。

物理的に物と物との衝突や摩擦《まさつ》は、「音」を生み出します。その時点で、これまでなかった音波、周波が生まれ、放たれます。目には見えませんが、その波は果てのない宇宙空間に永遠に広がります（発信元はあなた、という記録も永遠に残ります）。

必然音まで立てないようにする必要はありません（お米を研《と》ぐのに一晩かかってしまいますからね）。必要以上に音を立てない訓練と習慣化のために、「スローモーション・音無しの行」を提案しているまでですから、極端にあるいは脅迫的にやりすぎても本末転倒になります。そのうちに、静かに丁寧に速やかに滑《なめ》らかにできるようになります。

自分が変わればすべてが変わる。

衝突や摩擦、矛盾の少ない人生。ストレス最低限の穏やかな幸せな人生を、みな目指しているのですから、積み重ね習慣づけていきましょう。

新瞑想文化

古代インド哲学に端を発した「瞑想」はYOGA（YOGAの語源は「結ぶ」ということ）の実践として広まり、その後、仏教やチベット密教など様々な宗教に取り入れられ、それぞれの国や文化で発展してきました。ごく最近では、瞑想の効果を医療の分野に持ち込み、科学的に実証していったジョン・カバットジン博士が「マインドフルネス」という分野に発展させ、以前のような宗教臭さのないところで、多くの現代人に受け入れられるようになっています。

わたくしもサラージ・メソッドでは、「身体・心・魂」を三位一体とし、それぞれに対して、さらに「学・実・癒」の三位一体でアプローチしておりますので、瞑想や古代インド哲学も授業を取り入れています。

人間は微細な波動ですから「ととのえる」ひととき、「ととのえる」スキルは、とくにこれからの時代には、おおいに役立つことでしょう。是非ご一緒に習慣づけていきましょう。

What you see is What you get

「What you see is What you get」とは直訳すると「あなたが見ているものがあなたが得るもの」となりますが、「思いが実現する」（想像していることが起こる）という意味です。

私は横浜生まれですが、父の影響で3歳からスキーを始めました。小学校に上がる前、滑り方を教えてくれた父は、私が滑るすぐうしろを滑りながら私の背後で声をかけるのです。

「前見て前見て！　行くほう見て、行きたいほう見て！」と。

進む方向を見るよう教えるためわかりやすく「前見て」と言ってくれたのでしょう。

ところが、前方に、別のスキーヤーがいると、私は、

「あああああ（ぶつかるぶつかる）」

と思いながら、その人を見ちゃう。目が釘付《くぎづ》けになっちゃう。で、「やっぱり」ぶつかって転んじゃうんですね。

そのたびに父は、おかしそうに、

「だから行くほうを見てと言ってるでしょう。行きたいほうだよ。ぶつかるほうを見るからぶつかるんだよ」

と言い、笑いながら私の手を引き、起こしてくれたものです。

What you see is what you get.

見ているものが「やっぱり」現実化する、わかりやすい例ですよね。

「やっぱりできた！」とか「やっぱりできなかった」と言いますが、このときの「やっぱり」が証明しているように、じつは現実より先に、あらかじめ、「やっぱり〇〇」は形成されているのです。シナリオ先にありき、で「やっぱり〇〇」という結

果が成就されているわけです（このことは先にも述べた通りです）。

このような思いのしくみが、1800年代から言われている「思いは現実化する」思いの法則です。2000年以降は、「引き寄せの法則」と呼ばれることが多くなりました。

いずれにしても、考えていること、思い描いていること、話題にしていることが現実化するということです。思うことで、その現実がもたらされるよう「発注」しているわけなのです。

しっかり行き先（ディスティネーション）を掲げておく、掲げ続ける。それが成就には欠かせない「意識」の持ちようなのです。たしかに、目の前に見え隠れする疑念や不安に目を向けず、ただ行きたいところだけを見ることは難しいことでしょう。だからこそ、訓練するのです。お稽古するのです。そこを制覇できるかどうかが成就の鍵。

あなたは今、人生という時間のレールを、目的地に向かって進んでいるところです。刻々と運ばれている最中なのです。レールから逸れないように、意識をぱっちりと目覚めさせて成就の人生を歩んでいきましょう！

おわりに

無限の可能性を常識に

本書を最後までお読みくださり、ありがとうございました！

「おわりに」のこの原稿を書いている、今ちょうど、米国メジャーリーグ・ドジャーズの大谷翔平選手が、前人未到の53／56を達成され、野球ファンに限らず世界中がその快挙に沸き、歓喜と大絶賛の渦に包まれているところです（その後、大谷選手は54／59にまで記録を伸ばしました。校了寸前で！）。

彼はまさに、私たち人間のなかの「無限の可能性」を全世界に実証してみせてくれたのです。そんなタイミングで本書を上梓することができたことを嬉しく光栄に思います。

そこには、私にとって二つの喜びがあります。ひとつは単純にこの奇跡のときに刊行できたことが記念になって嬉しい！　ということ。そして、もうひとつは、今回の作品では、私も作家人生を賭けて、大きなチャレンジをしたこと、です。

それは本書のなかでもお感じいただけたかもしれませんが、私はこの、「人間に内在する無限の力」を怪しい力でもなく、天才だけに与えられた特別な力もなく、誰もが当たり前に使うことが常識となるような時代をはやく実現させたいと考えており、またそれに貢献することが自分の使命だとも信じているので、この本では、いわゆるスピリチュアルな領域からの説明と、心理学的、脳科学的な領域からの説明の違いも解説しつつ、両者を統合させていくことを目標に書いたことです。

この二分された世界、二分された考え方、二分された人たちが、歩み寄って統合することこそ、この力が本当に人間の常識になるときだからです。

実は、「成就」という言葉をタイトルにしたことも、大きなチャレンジでした、なぜなら…おっと、最後に話が長くなりかけていますね。この続きはまたの機会に聞いてください。

また、大谷翔平選手のように、今回、記録更新も果たしましたよ。それは、海外翻訳も含め通算46冊目。そして、青春出版社からの刊行は、24年目、通算14冊となったことです！

そして、これを機に長年、著者名にしてきた「リズ山﨑」という名を「リズ山崎」に変更することにしました。「﨑」を「崎」に変えただけなのですが、私にとっては意味ある改名です（検索される際、ご留意いただければ幸いです）。

最後に、解説編の章で、「どうすればいいか」具体的に示すことを意識して執筆してきたと書きましたが、もうひとつ気をつけてきたことは「同じことは書かない」ということです。とはいえ、今回はテーマが「成就の法則」でしたから本質的なことは、これまで出した本の内容と重なるところはありました。けれどもそれ以外は私の既刊本に譲った部分もありまして、ですので、ちょっと物足りないとか、成就の力についてもっと学びたいと思われる方は、私の代表作である『願いは、ぜったい叶うもの！』、人目が気になり感情コントロールに悩む人のための『傷つかない練習』、引き寄せの法則について書いた『なぜ、あの人の願いはいつも叶うのか？』（いずれも青春出版社）などを、ぜひお読みください。

青春出版社は来年（２０２５年）、創立70周年を迎える歴史のある出版社です。そのような伝統ある出版社の筆頭株主ならぬ代表的著者となることができたことはこの上ない栄誉でございます。社長の小沢源太郎様、24年間私と寄り添い本づくりを支えてくださっている手島智子編集長に、この場をお借りし感謝申し上げます。また、この本の作成、流通に関わってくださったすべてのみなさまに感謝します。

「おかげさま！　おせわさま！　どうもありがとう！」

２０２４年 10月吉日

リズ山﨑

今年五月天命を果たし
九十七歳で天国へ旅立った
母慶子にこの本を捧ぐ

参考文献

『ユダヤの商法』藤田田著（KKベストセラーズ）

『インテグラル・ヨーガ』スワミ・サッチダーナンダ著（めるくまーる）

『現代人のためのヨーガスートラ』グレゴール・メーレ著（ガイアブックス）

『やさしく学YOGA哲学 ヨーガスートラ』向井田みお著（アンダーザライト）

『思考は現実化する』ナポレオン・ヒル・著　田中孝顕・訳（きこ書房）

『アファメーション』ルー・タイス（フォレスト出版）

『森田療法で治す「不安症・強迫症」』中村敬（大和出版）

『カンデル神経科学』Eric R. Kandel, James H. Schwartz, Steven A. Siegelbaum, Thomas M.Jessell, A. J. Hudspeth・編、金澤一郎／宮下保司・日本語版監修（メディカルサイエンスインターナショナル）

『神経解剖学講義ノート』寺島俊雄（金芳堂）

東京慈恵会医科大学附属第三病院HP https://www.jikei.ac.jp/hospital/daisan/

著者紹介

リズ山崎　（リズ山崎）

1960年生まれ。横浜出身。公認心理師（国家資格）。日本森田療法学会認定心理療法士。全米ヨガアライアンス認定RYT500YOGA講師。
ロサンゼルスでピアノの弾き語りとして14年間を過ごした後、チャネラー＆心理セラピストに。36歳から大学で心理学を学び、スピリチュアルと心理学を統合した独自の「サラージメソッド」を構築。現在は個人コンサルタント、講座、講演等を通じて、人々のトラウマの癒しと願望成就に精力的に活動している。著書多数。
本書では最も得意とする「成就」をテーマに、そのしくみとノウハウをまとめた。今すぐ一歩を踏み出したい人に最適の1冊である。

公式サイト　www.lyzzyamazaki.com

誰《だれ》も教《おし》えてくれなかった！ 成就《じょうじゅ》の法則《ほうそく》

2024年10月30日　第1刷

著　　者　リズ山《やま》崎《ざき》

発 行 者　小澤源太郎

責任編集　株式会社 プライム涌光
電話　編集部　03(3203)2850

発 行 所　株式会社 青春出版社
東京都新宿区若松町12番1号 〒162-0056
振替番号　00190-7-98602
電話　営業部　03(3207)1916

印　刷　中央精版印刷　　製　本　フォーネット社

万一、落丁、乱丁がありました節は、お取りかえします。

ISBN978-4-413-23379-8 C0011

リズ山崎のロングセラー

～あなたにぴったりの本がきっと見つかります～

世界でいちばん幸せな人の小さな習慣

ありのままの自分を取り戻すトラウマ・セラピー

978-4-413-23116-9　1400円

傷つかない練習

悪循環から抜け出す心の整え方

978-4-413-03848-5　1300円

The Power of Prayer なぜ、あの人の願いはいつも叶うのか？

幸運を引き寄せる「波動」の調え方

978-4-413-03937-6　1300円

願いは、ぜったい叶うもの！

すべては自分が作り出す。そう、運さえも。

978-4-413-03483-8　1100円

すべては感情が解決する！

振り回されない、巻き込まれない、心の整理法

978-4-413-09654-6　760円

※リズ山崎は、本書『成就の法則』からリズ山﨑に改めました。

※上記は本体価格です。（消費税が別途加算されます）
※書名コード（ISBN）は、書店へのご注文にご利用ください。書店にない場合、電話またはFax（書名・冊数・氏名・住所・電話番号を明記）でもご注文いただけます（代金引換宅急便）。商品到着時に定価＋手数料をお支払いください。〔直販係　電話03-3207-1916　Fax03-3205-6339〕
※青春出版社のホームページでも、オンラインで書籍をお買い求めいただけます。ぜひご利用ください。〔http://www.seishun.co.jp/〕

お願い　ページわりの関係からここでは一部の既刊本しか掲載してありません。折り込みの出版案内もご参考にご覧ください。